U0680818

学前教育专业人才培养模式研究

熊　应　张大鑫　著

九 州 出 版 社
JIUZHOUPRESS

图书在版编目（CIP）数据

学前教育专业人才培养模式研究 / 熊应，张大鑫著
. -- 北京 ：九州出版社，2023.9
ISBN 978-7-5225-2202-9

Ⅰ．①学… Ⅱ．①熊… ②张… Ⅲ．①学前教育－人
才培养－培养模式－研究 Ⅳ．①G61

中国国家版本馆 CIP 数据核字(2023)第 185500 号

学前教育专业人才培养模式研究

作　　者	熊　应　张大鑫　著	
责任编辑	李文君	
出版发行	九州出版社	
地　　址	北京市西城区阜外大街甲 35 号(100037)	
发行电话	(010)68992190/3/5/6	
网　　址	www.jiuzhoupress.com	
印　　刷	优彩嘉艺（北京）数字科技有限公司	
开　　本	787 毫米×1092 毫米	16 开
印　　张	8.5	
字　　数	220 千字	
版　　次	2023 年 9 月第 1 版	
印　　次	2023 年 9 月第 1 次印刷	
书　　号	ISBN 978-7-5225-2202-9	
定　　价	50.00 元	

前　言

随着经济社会的持续发展和人民生活水平的提高，人们对学前教育质量的要求也在不断增长。提高学前教育质量关键在于高素质人才，高素质的人才培养离不开高等院校的学科专业教育。《学前教育专业人才培养模式研究》以提高学前教育专业人才培养质量和满足社会对幼儿教师专业化要求的思想为本，在人才培养模式的理论阐释基础上，结合目前高校学前教育专业人才培养目标、课程设置、培养过程和评价现状的实证调查研究，对目前高校学前教育专业人才培养模式存在的普遍问题与不足进行总结与分析。同时结合高校改革和探索的经验，针对在培养模式中存在的问题提出改进优化的对策与建议。

本书从导论出发，分别对学前教育专业人才培养模式的理论基础、学前教育专业人才培养模式的改革依据、我国学前教育专业人才培养模式的现状调查反思、学前教育专业人才培养模式的构建方略做了阐述，通过文献梳理—理论阐释—实证研究—问题分析—对策建议的脉络展开全书的剖析与探讨。

本书由熊应、张大鑫、王阿娟、张凌云、刘倩、赵玉宁、徐松妮负责审校工作。

目　录

第一章　导　论

第一节　研究背景与研究意义

一、研究背景

进入21世纪，中共中央、国务院就颁布了《关于基础教育改革与发展的决定》，文中首次明确提出"重视和发展学前教育"，拉开了国家大力发展学前教育的序幕，而2010年两会的召开和《国家中长期教育改革和发展规划纲要（2010—2020年）》（以下简称《纲要》）的颁布将学前教育事业提上了发展议程。

《纲要》从"优先发展教育，建设人力资源强国"的战略高度，详细地、系统地介绍了学前教育的发展任务。之后国家连续出台《国务院关于当前发展学前教育的若干意见》《学前教师专业标准》《3—6岁儿童学习与发展指南》，不仅从提高学前教育发展的地位上，还是对其的经济投入、管理、组织和建设的政策支持和导向上来讲，都将我国学前教育事业的发展推向了更高峰。

在国家高度重视学前教育事业发展的大背景下，启动第二期学前教育三年行动计划。公办民办两手抓，2016年，我国学前三年毛入园率已经达到75%左右。经过一期行动计划，全国公办园增加1.7万所，但总体占比仅33%，仍难以满足公益普惠学前教育的需求，入园难成为困扰很多家庭的烦心事。二期行动计划继续把大力发展公办园作为扩大普惠性资源的重要举措。在公办幼儿园的布局上，二期行动计划给出了方案，在资源短缺的地区逐年安排新建、改扩建一批公办幼儿园[①]。特别要加大农村公办园建设力度。同时，加大扶持力度，增强各类公办性质幼儿园的服务能力。此外，要求各省（区、市）出台小区配套园建设和管理的实

[①] 刘焱，李志宇，潘月娟，等. 不同办园体制幼儿园班级教育环境质量比较 [J]. 学前教育研究，2008（8）.

施办法，确保提供普惠性服务。2015年，城镇小区按国家和地方相关规定补足配齐幼儿园。要想有效缓解入园难，还要积极扶持民办幼儿园发展。二期行动计划提出将继续落实用地、税费等优惠政策，在多种方式吸引社会力量办园的基础上，进一步加大对普惠性民办园的扶持力度。各地要根据普惠性资源布局和幼儿入园需求，认定一批普惠性民办园。通过政府购买服务、生均经费补贴、减免租金、派驻公办教师、培训教师等方式支持其提供普惠性服务。要想顺利完成行动计划，我国需要对学前教师充实这支队伍，新增学前教师数量几乎是目前师资总数量的两倍。

同时，面对用人单位对幼儿一日生活的组织与保育工作、幼儿教育活动的计划与实施工作及其幼儿园班级管理工作的典型岗位具有专业性强和要求高等特点，要求学前教育进行专业化建设以促进学前儿童教育师资的专业化、提高幼儿园教育教学质量。其主要通过对学前教育专业人才的培养实现。反之，学前教育专业生所具备的知识、能力和素质能力是学前教师入职的前提，而学前教育专业人才培养模式是保证实现学前教育专业培养出高质量、高素质学前教师的核心所在[1]。

至此，在国家高度重视学前教育事业、社会急需高质量学前教育人才和学前教育专业人才自身发展的现实背景下，本书将对学前教育专业人才培养模式展开研究。

二、研究意义

在对文献资料进行整理和搜集的过程中，发现针对学前教育专业人才培养模式的研究不多，且研究内容不够全面和深入。而本书围绕学前教育专业人才培养模式进行研究，无论是从满足社会对学前教师专业化需求的角度来看，还是以提高学前教育专业人才培养质量的要求上讲，开展本研究具有十分重要的理论和实践意义。

1. 有利于满足社会对高素质、高质量的人才需求

随着社会政治经济发展及其学前教育规模的不断扩大，社会对学前教育人才需求及其质量也相应增加和提高。一方面只有提高层次的学前教育专业人才质量才能够适应社会对高质量学前教育人才的要求。另一方面是基于分析目前学前教育专业人才培养的现实状况上，找出不足加以改进以消除阻碍高质量学前教育人才培养的不利因素，通过更加高效的方式培养出更多高素质、高质量的学前教育专业人才以满足社会的需求。

2. 有利于满足高校学前教育专业发展的需要

学前教育专业肇端于1906年南通女子师范学校开设的家政科；1914年，建立

---

①刘焱，李志宇，潘月娟，等. 不同办园体制幼儿园班级教育环境质量比较 [J]. 学前教育研究，2008（8）.

附属幼稚园；1952年，在全省首设幼儿师范科；1957年，参与国家教育部主持的幼师教学大纲。1979年，招收改革开放后第一届幼师生；1999年，开始招收五年制专科学生；2009年，率先开展五年制学前教育专业免费生定向培养工作；2012年，招收江苏省五年制师范学前教育专业免费师范男生；2014年，招收高中起点三年制专科，与南通大学合作办学，开展"3+2"高校人才培养，形成了多种学制并存的专业格局。由此可见，开展对高校学前教育专业人才培养模式的研究将对高校学前教育专业人才培养的规范化、系统化和科学化的发展具有一定的帮助和参考价值。同时基于目前部分学前教育专业仍处于发展和转型时期，针对刚刚升格为高校层次的学前教育专业，研究学前教育专业人才培养模式对其适应高校层次培养目标、课程设置，教学方式、培养评价等方面起到重要的借鉴作用具有重要意义。

3．有利于改进学前教育人才培养模式

高校层次学前教育人才培养目标与学前教师实际能力与要求存在差异、学前教育人才培养方案趋同于其他人才培养方案及其高校对学前教育专业人才培养研究大多只做文本分析或者单纯地进行实践调查总结，对其研究深入不够。

本书将对高校学前教育专业人才培养进行文本研究与实践调查研究相结合，全面客观分析高校学前教育高校人才培养模式。

第二节　文献综述

以关键词"培养模式""高校人才培养模式"与"学前教育专业人才培养模式"等，通过两种渠道即：第一种渠道为查询中国学术期刊网、读秀学术搜索、中国知网（CNKI）、万方数据知识服务平台、中国重要报纸全文数据库、中国优秀博硕士学位论文全文数据库（CDMD）及Google，EBSCO和Proquest等多种电子数据库；第二种渠道是借阅本校图书馆馆藏著作和指导教师及专家的文本资料，对本书相关的国内外文献资料进行搜集分析及归纳整理。

一、国外文献研究

学前教育专业人才培养模式从研究所属范畴分类，主要可以分为高校人才培养研究和学前教育专业人才培养研究，由此本书文献资料从这两个方面进行整理与研究。

1．高校人才培养研究

通过梳理国外高校人才培养模式的文献资料，可以从以下四种方式进行归纳：

（1）理论研究

如美国高等教育高校教育委员会在 "*Edueation: under graduate reeonstruetion developing blue printin American research universities*" 报告中概述了本国研究型大

学高校教育模式存在缺陷与不足，并有针对性地提出包括以探究为基础的学习标准、建立新生基础、排除跨学科教育障碍、增加师生交流、使用现代教育技术、注重改变教师奖励制度、培养团体意识共十项重建高校教育新模式的对策与建议[①]。

（2）比较研究

比较研究主要是对比不同国家的高校人才培养模式，通过相互学习和借鉴能够取长补短。如Petr Pabian与Lenka Minksová的文章"Students in Higher Education Governancein Europe: Contrasts, commonalities and controversies"、徐德勒的著作《现状与发展——中德应用型高校人才培养的比较研究》与伍红玲的文章《20世纪90年代后美日高等教育高校人才培养模式变革比较》都具有两个或两个以上的比较主体，并对主体所包含的高校人才培养目标、教学改革和管理模式等进行异同点比较，最后在总结经验中获得启示。

（3）系统性的研究

如关颖婧则从培养模式构成要素对美国、法国、高校人才培养目标与理念、教学内容、师资建设、教学管理等方面进行体系化研究。

（4）实证研究

主要通过理论与实践相结合的方式进行人才培养模式的现状调查或者案例分析。如SUWenbo在"College Students' Occupation Competence"一文中通过对大学生采用行为访谈法和问卷调查法对高等学校高校生职业能力进行评价来找到高等学校教学改革的方向奠定实践基础。

总之，从上述资料整理来看，对本书主要起到以下几点作用。一是奠定了本文研究视角，找到了问题研究的切入点；二是为本书提供了国外资料来源；三是对本书的对策建议的提出具有参考与借鉴功效。四是加强了本书的理论基础与启发了写作的思维模式。

2. 学前教育专业人才培养研究

作者在搜集了关于国外学前教育专业人才培养模式的文献资料，由于研究对象针对性强与国外相关资料难以查阅等原因导致相关资料数量少而且内容散。从掌握到的文献资料主要可以发现学前教育专业人才培养发展趋势主要有两个方面。一方面，学前教育专业人才培养从学科本位向能力本位转变。学科本位是指对重视理论知识的传授，强调学科理论学习与科研能力。能力本位是指学生要具备与未来职业岗位需求相适应的职业知识、职业技能和实践教学应用等能力。

如Lillvist Anne等在文章"*Preschool teacher competen ceviewed from the perspective of students in early childhood teachere ducation*"中以提高幼儿园教师专业化能力展开职业能力（实践教学方式、幼儿专业知识、儿童观察能力、协作和社

---

①潘月娟，刘焱. 美国托幼机构教育质量研究述评 [J]. 比较教育研究，2008（8）.

会化能力）为目的，对 15 所大学 810 名学前教育专业学生进行现状调查，并且以适应职业岗位要求的基础上对学前教育专业学生的实践能力不足等问题提出建设性意见。并且要求也加速学前教育专业人才向职业能力为本位的转变。

如：Tagreed Fathi Abu Taleb 在 "NAEYC's Key Attributesof Quality Pre-school Programs Applied to the Jordanian Kinder garten Context" 一文中提到与大专学历的相比，具有学历的学前教师在教学策略和方案执行实践能力更胜一筹，并且建议学前教师应该接受四年教育，在岗前培训和高等教育政策方面给与支持。另一方面，培养学生实践性成为目前人们关注的重点。如 Hatice Uysal 在文 章 "Preschool Education and Primary School Pre-service Teachers' Perceptionsabout Classroom Management：AMetaphorical Analysis" 中提出应改变课堂教学方式，增加学生课程教学的参与性机会，这有利于提高课程氛围，激发学生的学习兴趣，促进课堂教学的有效性。粟高燕，赵雯在《中美学前教育人才培养模式比较与思考》一文中通过对比中美学前教育专业人才培养模式，总结出应在培养规格上要求学生延长保教知识年限、突出实践课程的全程性与系统性、重视"双师型"教师培养等以促进学前教育专业培养出高素质实践型的高校人才。

二、国内文献研究

1. 高校人才培养模式研究

国内对于高校人才培模式的研究相较于国外，查找较为方便、研究内容也很丰富且研究所涉及的因素更加的广阔，并且与我国高校人才培养现状息息相关。那么，国内关于高校人才培养模式的研究可以从聚合度较高的几方面进行研究综述。

（1）第一类是对高校人才培养模式的范式研究。我国"人才培养模式"这一概念最早提出于 20 世纪 70 年代后半期，同时在 20 世纪 80 年代初，我国也制定了学术标准即建立学士学位制度。而高校作为学位结构中的基础学位也并肩开始产生与发展。由此可知，高校人才培养模式研究已有三十多年，其人才培养模式的范式结构研究较为成熟。但就范式结构而言主要可以分为三种：

①"总—分"结构即主要是对高校人才培模式进行总的构建，分层论述构建的必要与可行性。如王艳露在论文中首先确立明确的培养目标、培养制度和课程体系，并通过分析核心要素与培养途径的基础上建立资源、文化和制度保障机制。

②"分—总"结构即是以论述国外一流大学与国内名校典型代表的高校人才培养模式，通过对比总结来获得启发，结合研究论点进行总结引申或者重申、总括论点。这一结构在关于"高校人才培养模式"研究以硕士论文应用广泛，且数量较多。如王青林的《关于创新应用型高校人才培养模式的若干思考》中分类阐述人才培养模式构成要素，作为思考构建模式的依据。硕士论文姜运生的《地方院校应用型人才培养模式研究与实践》、蔡信海的《我国工程人才培养模式改革研

究——以材料类专业为例》和王平祥《研究型农业大学农科高校人才培养模式研究》都是用此范式结构。

③"总—分—总"结构如金佩华、楼程富在《研究型大学人才培养模式探索》中将浙江大学作为研究型大学的代表，首先高校教育以建立的人才培养体系与实施高素质人才培养模式进行总体概括与特点阐述，然后在对浙大高校人才培养模式内容分类纵向论述，在取得初步成效的基础上最后总结领悟。"以总—分—总"范式结构进行建立体系化范式结构基础，而这种结构相对于"分—总结构"能首先提出文章的重点，有效突出文章的主要思想。相对于"总—分结构"在文章结尾处加以总结，呼应开头，贯通全文。由此，本文将采用这种范式结构，让文章更加具有系统性和完整性。

（2）第二类是对人才培养模式的内容研究对人才培养模式的具体内容研究，其包括对高校人才培养模式的概念界定、构成要素、特点及其影响因素等基本问题的研究。如陈向军、索凯峰在其文章《经管类应用型高校人才培养模式探讨》中就对"人才培养模式"界定为人才培养的标准形式（样式）或使人们可以照着做的人才培养标准样式。包括以教育理念、培养规律，多样性。等几大特征。主要是通过总结多种人才培养模式的概念含义加入自己的看法，这种定义人才培养模式概念有很多，这里不一一赘述。

董泽芳、王晓辉在文章《普林斯顿大学高校人才培养模式的特点及启示》中从高校人才培养模式构成要素（培养理念、课程设置、教学制度体系、教学组织形式、教学评价方式）中总结普林斯顿大学高校人才培养模式，并提出对创新或者优化高校人才培养模式的启示作用。

2.学前教育专业人才培养模式研究

学前教育专业人才培养模式研究的文献整理主要是在学前教育研究范围内，对高校人才培养模式的要素研究。依据本论文研究的需要，对学前教育专业人才培养模式研究的资料整理主要为优化学前教育专业高校人才培养模式的对策与建议服务。

（1）培养目标

培养目标关乎培养什么样的人，培养目标居于人才培养质量的核心位置。因此高校人才培养模式的改革，必须在培养目标的指导下进行。

柳国梁认为学前教育专业本课程培养目标存在定位模糊导致没有特色，层次不清晰导致实践技能应用能力弱，培养目标缺乏与实践的联系。因此提出明确人才培养方向、规范类型、细化标准。提出高等师范院校学前教育专业人才培养目标的定位应该本着理论与实践并重、观念与技能并重、学历与能力并重的原则，大学要突出和强调幼儿发展为本的新观念；专业知识和技能（弹、唱、跳、画、讲、编、制的实际操作能力）和专业的态度等，并体现学前教育的专业特色。

桂林则在分析对比36所学前教育专业人才培养方案中得到培养目标表现出

"千校一面"的特点，缺乏特色性。并且从管理、制度与政府保障上提出优化建议。

（2）课程设置

高校老师认为课程设置要从学生出发，体现出专业特色与要求，遵循理论与实践结合的原则并且概括课程结构存在的问题，同时提出整合课程模块、增加技能与实践课程比例改革建议。

在分析本专业课程设置现状时，提出开设多种选修课、增加专业课程中技能技巧课、提供练习机会；同时建议实施方式采用校内结合，实习、见习的时间调整、扩建师资队伍等。由此可以发现，课程内容问题设计多且杂、课程结构不合理成为课程设置主要不足。其中课程设置问题又关联到教学方式、教师建设与实践体系建立等。

（3）实践教学体系及其教学方式、师资建设

张斌构建了"知识—实践"教学体系，同时提出课堂、实验实训与儿童教育机构平台来实现拓展实践平台。秦金亮的全实践主要提出在大学四年全程连贯实践，实现校内外实训基地全方位实践，以促进学生职业能力的提高。方建华，李晨晨认为课堂教学中师生互动呈现频率低、时间少、单向型互动、形式单一等特点，因而倡导教师多采用对话式、讨论式、探究式等教学方式教学，以增加学习效果提高问题分析解决能力。赵正然认为"双师型"教师具有理论知识和实践能力两方面能力，有利于提高教学质量，取得上佳的教学效果，并且对不足提出环境保障、奖惩激励与职中培训等培养策略。

（4）培养评价

董泽芳在培养评价中认为教学评价涉及中观的办学评价和微观的对教学中教与学的评价两个层面。培养评价要从评价的范围、评价的目的、评价的依据等方面进行评价方式的创新。赖永辉制定了评价模块的具体框架、构成、评价层的权重和量值以及企业方、行业方、学院教师方、学生方多元主体参与评价方实践性探索和检验。

第三节　研究内容与创新点

一、研究内容

1. 本书首先阐述了学前教育专业人才培养模式的研究背景与研究意义，其次对国内外相关研究理论成果进行综述，最后介绍了研究方法和研究内容，指出创新点和不足。

2. 以界定"学前教育专业人才""培养模式"及其相关要素为切入点，通过比较分析总结出学前教育专业人才培养模式的基本特征。

3．进行培养模式现状调查研究。调查选取典型省份开设层次学前教育专业的学生为对象，采用自编问卷从培养目标、课程设置、培养过程和培养评价这四个维度进行探索高校人才培养的现状及其进行问题分析。

4．进行模式的改进对策措施。针对学前教育专业人才培养模式存在的问题提出改进的建议和对策研究，以促进和完善目前人才培养模式的目的。

二、创新点与不足之处

1．创新点

本书的创新点主要有：

（1）以研究方法逻辑顺序作为本文开拓研究思路的指导。

（2）本书在对策建议部分的探讨中，不仅是基于调查分析的现状上，而且通过经验总结和问题反思相结合的方式上提出对相应问题的对策，并且获得优化人才培养模式的建议。

2．不足之处

（1）作者所学专业为高等教育学，虽本书的问题研究领域为高校层次学前教育，属于高等教育研究范畴，但由笔者的跨专业身份缺少学前教育的专业理论的学习经验，仅凭实践调查与经验总结，导致理论基础浅薄与问题理解与分析不够深入透彻等。

（2）鉴于作者学术研究水平有限与所研究问题的复杂性，及其对调查数据分析与文献梳理不全面，导致本书基于在总结经验上所提出的对策建议仍具有设想成分。

第二章 学前教育高校专业人才培养模式的理论基础

学前教育专业人才培养从20世纪四五十年代开始以来，在国家大力发展师范教育和高校教学改革和专业调整中不断探索与成长。从20世纪末到现在，又随着社会经济的急速发展和高等教育大众化进程的不断推进，人们对学前教育专业人才培养质量的要求也随着增高，继而高校开始在已有的人才培养模式的理论指导下开展实践探索，并在此基础上不断地完善其理论体系。学前教育专业人才培养模式因其自身职业特色性和专业针对性的关系故而对人才培养的类型、层次和结构产生影响。下文通过对学前教育专业人才培养模式的理论阐释和实践探索，对目前高校学前教育专业人才培养模式展开探讨。

第一节 学前教育及相关概念

一、学前教育专业人才

学前教育专业作为一个综合性、实践性很强的学科，目前得到从中央到地方政府的大力支持，中央和地方政府纷纷出台相应的政策，保证学前教育发展。而学前教育的发展有赖于师资水平的提高。但当前学前教育专业毕业生有6个层次：学前教育专业研究生、高校生、专升本、五年制专科、三年制专科、中专，因此，这就涉及以下几个问题：第一，学前教育专业核心能力涉及哪些内容；第二，各层次毕业生的专业核心能力是否有差别，差别体现在哪里；第三，各层次毕业生的专业核心能力差别体现在学历要求不同上，随着学历的提升专业核心能力在螺旋上升；第四，从事不同岗位工作的学前教育专业核心能力要求差别体现在哪里。随着大力发展学前教育的教育政策法规的推动，目前对学前师资的关注程度很高，越来越多的学校开设学前教育专业，而开设学前教育专业的院校又开始调整人才培养方案，而关于学前教育专业能力培养的探讨也逐渐增多①。

传统意义上的专业能力特指专家所拥有的，区别于新手或经验不足的人所拥有的一般知识和技能。专家只有在某个专门领域拥有比别人更强的知识和技艺，才能称为合格的专家。个人是通过学习、体验、实践和相应培训获得专家能力的。其实专业能力是指从事某一职业所需具备的与此职业相关的能力。也有人将专业能力定义为："作为专业技术人员的教师在教育、教学活动时能利用教育理性和教育经验，灵活地应对教育情境，做出敏捷的教育行为反应，以促进学生全面发展所必需的教育技能。"

学前教育专业能力与其他的教育专业能力既有相同之处，又有所不同。它既要有普通教师的专业能力，又要有依据教育目的、教育对象的特点决定的特殊从教能力的要求。总而言之，我们认为学前教育高校专业能力既要具备一般教师的专业能力，又要具备学前教师的特殊专业能力。

2010年《国家学前教师专业技能考核标准》从幼儿故事讲述、钢笔与粉笔字、边弹边唱、绘画、舞蹈、手工制作、多媒体课件制作、健康操与口令、教学设计以及特长展示十个方面具体设置了水平标准。2012年《幼儿园教师专业标准（试行）》（以下简称《专业标准》）中的专业能力部分是按照幼儿园教师的主要职责和基本工作内容来架构的，包括7个方面27条具体要求，体现了"能力为重"的基本理念和价值取向。

综合上述两项政策以及实践工作经验，将学前教育的专业能力归纳为：基本的才艺能力、环境的创设与利用能力、一日生活的组织与保育能力、游戏的支持与引导能力、教育活动的计划与实施能力、激励与评价能力、沟通与合作能力和反思与发展能力。

二、人才培养模式

学者们对人才培养模式概念界定莫衷一是，可谓是仁者见仁、智者见智。综合来讲，目前学术界对人才培养模式的定义主要有以下几种。

1. 过程说

该观点认为，培养模式实质上是人才素质要求和培养目标的实施的综合过程和实践过程。

2. 方式说

有的学者认为培养模式的本质是组织方式，是指在一定的教育思想和教育理论指导下，为实现培养目标而采取的教育教学活动的组织样式和运行方式。有的学者认为培养模式的本质是运行方式，指一定的教育思想和教育理论指导下，为实现培养目标（含培养规格）而采取的培养过程的某种标准构造样式和运行方式。

---

① 曹鹤. 高校学前教育专业本科人才培养模式研究［D］. 沈阳师范大学，2015.

而有的学者则认为是教学方式，培养模式是教育思想、教育观念、课程体系、教学方法、教学手段、教学资源、教学管理体制、教学环境等方面按一定规律有机结合的一种整体教学方式，是根据一定的教育理论、教育思想形成的教育本质的反映。人才培养模式是在一定的教育思想指导下，人才培养目标、制度、过程的简要组合是为了实现一定的人才培养目标的整个管理活动的组织方式。它是在一定的教育思想指导下，为完成特定的人才培养目标而构建起来的人才培养结构和策略体系，它是对人才培养的一种总体性表现。在他们看来，人才培养的本质就是一种方式而已，只不过对于方式的选择他们存在不同的观点。

3．方案说

方案说认为培养模式是在一定的教育教学思想、观念的指导下，为实现一定的培养目标，构成人才培养系统诸要素之间的组合方式及其运作流程的范式，是可供教师和教学管理人员在教学活动中借以进行操作的既简约又完整的实施方案，是为实现一定的培养目标而采取的教育方案和教育方式。

4．要素说

要素说认为人才培养模式是指在一定教育思想指导下，培养目标、教育制度、培养方案、教学过程诸要素的组合，是为实现人才培养目标而把与之有关的若干要素加以有机组合而成的一种系统结构。

5．机制说

机制说认为所谓人才培养模式是指在一定的教育思想、教育理论和教育方针的指导下，各级各类教育根据不同的教育任务，为实现培养目标而采取的组织形式及运行机制，即是培养模式。我们认为，学者们对人才培养模式定义相互间并不是冲突的，本质上是一致的，其分歧的原因在于学者们对人才培养模式的定义视角的差异。学者们对人才培养模式定义的一致性主要表现在以下几个方面：

（1）人才培养模式具有目标性从表面上看，尽管学者对人才培养模式的定义有着巨大的差异，但是他们都承认人才培养模式本质上是人才培养目标的实现。

（2）人才培养模式具有相对稳定性无论是方案说、过程说还是要素说，他们都承认人才培养模式具有相对的稳定性，人才培养模式的本质就是将人才培养形成一种固有的机制，也即人才培养活动的规范化、制度化。因此，人才培养模式不能够随意变化，否则会造成人才培养活动的断裂。

（3）人才培养模式具有发展性人培养模式具有稳定性并不是说人才培养模式一旦形成就不再改变，而是说人才培养模式不能随意改变，应该保持人才培养的连续性。但是，伴随着社会的发展和人才培养环境、条件的改变，人才培养模式也是变化的。在高等教育发展史上，为适应不同历史时期的社会发展对人才特征的一般性要求，大学自产生迄今其人才培养模式经过了三个历史阶段：前工业经济时代，大学的人才培养以知识为导向；工业经济时代，大学的人才培养以学科为导向；知识经济时代，大学的人才培养以素质和能力为导向。

（4）人才培养模式是一定教育理念的产物。尽管学者们对人才培养模式的定义存在分歧，但是他们都内在地认同人才培养模式是一定教育理念产物，教育理念直接规定者人才培养模式中的人才培养目标、人才培养方式等，没有教育理念的指导，也就不存在人才培养模式。

（5）人才培养模式由诸多要素构成。无论是坚持动态的过程说、活动说，还是要素说、方案说，他们都有一个共同的观点，人才培养模式必须由诸多要素组成，只是他们对组成的要素内容存在分歧。据此，我们认为，所谓人才培养模式是指在一定的教育理念（思想）的指导下，为实现一定的培养目标而形成的较为稳定的结构状态和运行机制，它是一系列构成要素的有机组合，表现为持续和不断再现的人才培养活动。

以上这观点从不同的角度对"人才培养模式"进行了阐述，但其本质上是相同的。笔者认为人才培养模式是上述两种概念的集合体，本质上包含这几层涵义：第一，有一定的教育理念、思想或者理论做指导，并且能够以实践的形式反映出来。第二，拥有组织结构的稳定性和运行流程的示范性特征。第三，构成要素要具有系统性和整体性。第四，强调实践的规范性和可操作性。

三、人才培养模式的构成要素及其相互关系

人才培养模式是在一定的教育思想、教育理念和学习理论指导下，为了实现特定的培养目标，在人才培养过程中各要素之间稳定的关系和活动进程的结构形式。其主要构成包括培养目标、内容、手段和评价。教育人才培养模式的特点在于其有着明确的人才观、质量观、教学观。具体实施过程包括专业设置、人才培养设计、教学改革和树立和强化质量意识等多个环节。

人才培养模式的概念时，尽管学者们的定义存在分歧，但就是在这些差异的定义中却存在着一种共识：人才培养模式是在一定的教育理念指导下而形成的，换言之，教育理念的存在和指导，是人才培养活动的前提，是人才培养模式形成的必要条件。遗憾的是，学者们在探讨人才培养模式的构成时却无一例外地将教育理念排除在外。笔者认为，教育理念是人才培养活动的灵魂，贯穿于人才培养活动的整个过程，内在地规定着人才培养活动的方向。因此，教育理念是人才培养模式的构成的第一要素。

1. 教育理念

理念是相对于物质和制度而言的意识层面的形而上的东西，是为人类所独有的精神特征，可视为对某种理论、观念和意识的统称。从宏观上讲，理念可以是人类的世界观，是人们对宇宙、自然和人类社会的总体看法和观点，是人们对外在和内在世界的理解；在微观层面上，理念也可以是人们对某一具体现象、行为和结果的评价和选择，是人类采取某种行动背后的理性思考。从内容上看，理念既可以是人们对客观事物和事实做出的实证分析，也可以是人们信仰的某些诸如

正义、公平、善之类的价值理性。之所以要考察理念，根本原因就在于人类是具有独立意识和自由意志的生物，在一定程度上能超越客观自然的外在束缚，进行独有的思考、比较、选择。这是人类与低等动物相区别的根本之处。在某种意义上，人类的行为是人类自由意志和意识活动的结果，是人类理念的外在表现。正如柯林武德提醒历史学家的那样，就人类的行为仅仅是事件而言，历史学家并不能理解它们；严格地说，他甚至不能肯定说它们曾经发生过。它们仅只是作为思想的外部表现对他才是可知的。因此，历史学家不是要知道人们都做了些什么，而是要了解他们都想了些什么。

教育理念是人们对于教育领域内的各个运行要素（如教育制度、人才培养目标、人才培养方式）、制度和现象的理解、看法、观点和价值选择的总称。教育理念不是教育行为、运行要素和教育制度等概念本身，而是隐藏于行为、制度和想象背后的看法、观念以及价值追求。它是每一个教育主体采取不同教育行为和人才培养方式的原因，是每一种教育制度、人才培养模式所表现出来的价值取向，是每一种教育活动实施的思想根基。对于教育理念的内涵，学者们有着不同的观点。有的学者认为：教育理念是关于教育发展的一种理想的、永恒的、精神性的范型，它反映教育的本质特点，从根本上回答为什么要办教育；也有的学者认为：教育理念是指学校的高层管理者以学生前途与社会责任为重心，以自己的价值观与道德标准基础，对管理学校所持的信念与态度；还有的学者提出：在某种意义上说，教育理念是教育思想家乃整个民族的教育价值取向的反映。

韩延明认为，上述有关教育理念的论述与概括没有从本质上全面概括教育理念的内涵，他认为：教育理念是指人们对于教育现象（活动）的理性认识、理想追求及其所形成的教育思想观念和教哲学观点，是教育主题在教育实践、思维活动及文化积淀和交流中所形成的教育价值取向与追求，是种具有相对稳定性、延续性和指向性的教育认识、理想的观念体系。教育理念具有民族性、国际性、导向性、前瞻性、规范性的特征。建立在教育规律基础之上的先进的教育理念，作为一种远见卓识，反映教育本质和时代特征，蕴涵着教育发展的思想，是指明教育前进方向、引导和鼓舞人们为之长期奋斗教育理想。

教育理念，是人才培养活动所尊崇的教育观念和原则，它规定者人才培养活动的性质和发展方向，是一定人才培养模式建立的理论基础和依据。教育理念是任何教育行为和活动的内在动力，任何教育行为和活动必须以教育理念为先导，人才培养活动更不例外。没有教育理念的指导，教育目标必定是片面的，教育活动的结果也必定是短期的。因此，任何人才培养模式都必须在一定的教育理念的指导下建立，人才培养模式是教育理念的具体化和实践化，是教育理念的表现，对人才培养模式的探讨不能割舍教育理念。许多学者在探讨人才培养模式时，一般都没有讲教育理念纳入其中。可是，他们在定义人才培养模式时却无一例外地提出对教育理念的尊崇。我们认为，教育理念应该纳入人才培养模式构成的范畴。

2. 培养目标

作为哲学范畴的目标，是指主体根据自身需要，借助于观念、理念、意识等中介形式，在行为活动之前预先设定的行为目的或结果。行为的目标或结果可以观念的形态预先存在，成为人们引起行动的原因，指导或者规定人的行为，协调和组织行动，以实现预定目标。目的作为观念形态，反映了主体对客体的实践关系。人的每一项活动，自始至终都有一个自觉的目的驱使和支配。人才培养目标是人们在活动前于头脑中对人才培养活动结果的一种预见和构想。对此，马克思有精辟的阐述：蜘蛛的活动与织工的活动相似，蜜蜂建筑蜂房的本领使人间的许多建筑师感到惭愧。但是，最蹩脚的建筑师从一开始就比最灵巧的蜜蜂高明的地方，是他在用蜂蜡建筑蜂房以前，已经在自己的头脑中把它建成了。劳动过程结束时得到的结果，在这个过程开始时就已经在劳动者的表象中存在着，即已经观念地存在着。他不仅使自然物发生形式变化，同时他还在自然物中实现自己的目的，这个目的是他所知道的，是作为规律决定着他的活动的方式和方法的，他必须使他的意志服从这个目的。

人才培养活动源于主体的兴趣和需要，培养目标则为人才培养活动指明了方向。培养目标，是人才培养的标准和要求，是人才培养模式构建的核心，对人才培养活动具有调控、规范、导向作用。首先，培养目标规定了人才培养活动的预期结果，为整个人才培养活动确定发展方向。其次，人才培养目标是教育理念的具体化。虽然教育理念对于人才培养有着十分重要的作用和意义，但是如果没有人才培养目标对其进行的具体化，教育理念只能是空谈。最后，人才培养目标是教育理念事先的中介环节。

3. 培养过程

具体地讲，培养过程主要包括培养方案、培养措施两个方面。培养方案是指为实现人才培养目标的要求而制定的一系列静态的培养措施和培养计划，它是人才培养活动的规划和计划，是人才培养模式的实践化形式。人才培养方案主要内容包括人才培养目标的定位、教学计划、课程设置、教学大纲的设计和非教学途径的安排等。其中，培养目标的定位主要是明确人才的根本特征、培养方向、规格及业务培养要求；教学计划是具体地规定着一定学校的学科设置、各门学科教学顺序、教学时数和种活动，它是培养方案的实体内容，一般由课程的设置、学时学分结构和教学过程的组织这样三部分组成。培养措施是指人才培养过程中为实现人才培养目标，按照一定的人才培养方案的要求，所采取的一系列途径、方法、手段的总称，它是人才培养方案的具体落实，是人才培养过程中最为重要的组成部分，包括课堂教学、实践教学等不同教学环节、教学管理的各项制度与措施及具体的操作要求。培养过程是教育理念得以贯彻的中间环节，是培养目标得以实现的过程，它是为实现一定的人才培养目标而实施的一系列人才培养活动的过程。培有过程决定着人才培养目标的实现与否，决定着人才培养活动的成功与否，培养过程的优劣、科学与否至关重要。事实上，培养过程的重要性远不至此，更重要的是培养过程是教育理念贯彻和实现的过程，教育理念的缺失则是整个人才培养活动的失败，关系到人才培养模式的成功与否。

4.培养制度

所谓制度，是指稳定的、受到尊重的和不断的行为模式，它是行为得以延续和再次发生的根本。没有制度的存在，行为就不会重复出现，制度能够使得人类行为的再次发生，削弱了人类对未知世界认知的不确定性。从制度的结果和功能来看，制度的作用表现为制度化，是行为实现稳定的、受到尊重的和不断的行为模式的过程以及结果，是组织与程序获得价值和稳定性的过程。培养制度是人才培养行为得以稳定存在并受到尊重和不断的行为模式，它是人才培养活动得以延续和不断再次发生的根本。人才培养活动之所以能够得以持续和延续的原因就是相关制度的存在，培养制度的存在使得人才培养活动能够制度化、规范化，只有通过制度化了人才培养活动，人才培养模式才能够得以形成和存在。所谓模式，是指能够稳定存在、持续发挥功效并且能够重复的行为方式，而这一切的形成都需要制度。具体地讲，培养制度表现为有关人才培养的重要规定、程序及其实施体系，是人才培养得以按规定实施的重要保障与基本前提，也是培养模式中最为活跃的一项内容。培养制度包括基本制度、组合制度和日常教学管理制度三大类。

5.培养评价

培养评价是依据一定的原则建立的与培养目标、培养方案、培养过程、培养策略相适应的评价方法与标准，以保障培养目标的落实、完成。培养评价是人才培养活动的中最终环节，也是衡量和评判人才培养活动成败优劣的环节。在人才培养模式中，人才培养评价的存在一方面可以衡量和判断人才培养活动是否成功，正是通过人才培养评价我们来判断我们的人才培养活动是否符合人才培养制度的要求，是否达到了预期的人才培养目标；另一方面，通过人才培养评价我们能够有效地监控人才培养活动过程，及时发现并纠正偏差行为，从而保证人才培养活动能够按照预定人才培养方案进行。同时，也正是通过人才培养评价来发现人才培养活动中的不足，及时完善和优化人才培养方案和行为。

具体地讲，人才培养评价是通过收集人才培养过程中各方面的信息并依据一定的标准对培养过程及所培养人才的质量与效益做出客观衡量和科学判断，并对人才培养活动的过程实施全面的监控，及时进行反馈与调节。在人才培养过程中，正是人才培养评价的存在，我们才能很好地定位人才培养目标，及时修订专业人才培养的计划和方案，优化教学策略和课程体系。教育理念（思想）是人才培养模式的构成的第一要素，它规定着人才培养活动的发展方向。培养目标是教育理念的具体化，是人才培养活动的开始阶段。培养过程是人才培养活动都的实施阶段，它是教育理念的具体实践，是人才培养目标的贯彻实现。培养制度是人才培养模式形成的关键要素，只有将人才培养活动制度化、规范化，人才培养才能稳定，人才培养行为才能持续和再次发生，人才培养活动才具有可重复性。

第二节　学前教育专业人才培养的特征

近年来，随着幼儿教育事业的蓬勃发展，兴办学前教育专业已成为高师办学的一个热点。从办学效益的角度考虑，学前教育专业的人才培养面临着如何适应市场需求的挑战，办学策略应该实现从粗放式培养向精细型培养的转变。学前教育专业如何进行人才分类培养，以满足市场及求学者的需求，是本研究的主题。

一、学前教育专业人才分类培养的目标定位

学前教育专业进行理论型与应用型人才的分类培养，首先要界定其人才培养目标，以便于根据专业培养目标设计课程方案。

1. 学前教育专业办学目标的类型定位、规模定位

高级人才由高等教育机构培养，高等教育机构根据其科学研究规模，划分为研究型、研究教学型、教学研究型、教学型等四种类型。由于高校人才培养的基本单位是专业，因此，可以借鉴高等教育机构按科研规模分类的做法，把不同高校的同一专业划分为研究型、研究教学型、教学研究型、教学型等四种类型。可以根据专业的这一类型划分来确定其人才培养的层次、类型及不同类型人才的规模。这一专业分类对高校的专业办学从自身条件出发确立人才培养的工作重点具有较强的实践意义。

就高校学前教育专业的人才培养定位而言，首先要从本专业的科研规模出发，确定本专业的类型，然后确定理论型和应用型两种人才培养的适当规模。研究型专业，教师队伍科研水平高，科研条件好，科研成果数量多、质量高。学生基本素质高，理论素养好，科研与教学并重，因此，虽然该专业也培养应用型人才，但是理论型人才是其培养的重点；研究教学型专业，教师队伍的科研能力与水平、科研环境的适宜性、科研成果的多寡以及学生的素质状况等，某一方面甚至几个方面已超过研究型专业，但是整体状况次于研究型专业。科研与教学并重，该专业所培养的理论型人才与应用人才的规模较为平衡；教学研究型专业，其教师队伍的科研水平与能力、科研环境、科研成果的数量、质量、学生素质等，又在研究教学型之下，该专业应该以应用型人才的培养为工作重点，从本专业的培养能力出发培养少量的理论型人才。教学型专业，其教师科研素质、科研投入及环境条件、科研成果、生源素质都不适合培养理论型人才，因此，该专业的培养目标应该是应用型人才。鉴于目前教师教育由三级向两级过渡的逐步实现，高师高校学前教育专业的规模不断扩张，因此高校学前教育专业培养的应用型人才的比重，在研究型专业、研究教学型专业、教学研究型专业中都应该有所扩大，教学型专业更应该树立全心全意培养应用型人才的信念。

2．高校学前教育专业两类人才培养的目标定位理论界

通常把探究事物发展的客观规律、发现科学原理的科学研究人员称为理论型人才。就高校学前教育专业所培养的理论型人才的未来发展来说，主要包括两部分：其一，绝大多数进入研究生教育阶段接受更高级的专门教育，毕业之后将从事理论教学或理论研究工作。其二，极少数直接就业，到教师教育机构从事理论教学或到地方研究机构从事教育研究工作。就高校学前教育专业所培养的理论型人才的素质结构来说，其知识、能力、素质都带有鲜明的理论性。

（1）他们在普通教育学、普通心理学、中外教育史（包括学前教育史）、教育研究方法、教育统计学、学前教育学、学前心理学等课程的学习中掌握了广泛的、精深的教育理论、扎实的基础知识、基本技能。

（2）他们在上述课程的学习及教育实践活动中还逐步形成了确立研究课题、搜集资料、分析资料、得出结论的科研能力。

（3）更重要的是他们在教育科学理论人才的培养过程中逐步形成了从事教育科学研究的兴趣和端正的态度，以及关注教育科学发展的研究情怀。理论界通常把运用科学原理于社会实践并转化为产品，为社会谋取直接利益的工作人员称为应用型人才。就高校学前教育专业应用型人才的培养而言，目标定位可以是德、智、体等全面发展的高素质的学前教育工作者。学前教育工作者这一概念外延广泛，既包括教育工作者，也包括管理工作者和研究工作者，还包括与学前教育有关的文化产业如影视、报刊、网络、出版、图书馆等的从业者，等等，最主要的是托幼机构的一线教师。学前教育工作者的目标定位表明了学前教育专业/立足幼教师资、兼顾相近相关的应用型人才培养的特点。需要指出的是，这里的研究工作者是指面向教育实践，从事应用研究，解决教育实践问题的研究工作者，而非从事基础研究的学术性人才。就学前教育工作者的身心素质结构而言，在职业道德方面，要有爱心、事业心和敬业精神等一般职业伦理要求，每一具体的专业工作还要求具有特殊的职业道德；在学识方面，要具有丰富的知识素养，包括由自然知识、人文知识、社会知识构成的一般通识，教育类基础知识以及幼儿教育方面的特殊专业知识，从事与学前教育有关的文化产业的工作者还应该具有关于该产业的专业知识；在专业能力方面，除了诸如思维能力、人际交往能力、观察力等一般能力之外，还应该具有相关工作所要求的特殊能力，例如幼儿教育工作要求教师具有了解幼儿、创设幼儿成长的支持性环境、组织调控孩子活动的能力。除此之外，还要求学前教育工作者具有健全的体格和心理素质。这些学前教育工作者应有的身心素质应该在教学计划的/基本规格中详尽地表述出来。

二、课程设置以职业能力为导向

1. 理论型人才培养之课程方案

高校学前教育专业培养理论型人才的课程方案由通识课程、专业基础课、专业课程等模块构成。与应用型人才培养之课程方案相比，理论型人才培养之课程方案具有鲜明的理论、研究特征，注重专业知识的广度、深度和学生研究意识与能力的养成。通识课程的开设旨在使理论型人才具有广博的文化基础知识和一般能力素养，专业基础课能够使理论型人才具有坚实的专业理论基础，专业课程能够使理论型人才在某一学科专业方向上学有所长。因此，三类课程都很重要。鉴于理论型人才升学及研究中查阅外文资料的需要，要加大外语等课程在通识课程中的分量；鉴于理论型人才的升学要参加全国统一的教育学基础综合入学考试，而该考试涵盖教育学原理、中外教育史、教育心理学和教育研究方法等教育学学科基础课程。要求考生系统掌握上述教育学学科的基本理论、基本知识和基本方法，能够运用所学的基本理论、基本知识和基本方法分析、判断和解决有关理论问题和实际问题。评价的标准是高等学校教育学学科优秀高校毕业生所能达到的及格或及格以上水平。因此全国教育学基础综合统考科目及其分量可以作为高校学前教育专业设置专业基础课程的参考依据，确立恰当的课程评价标准。专业课程是体现理论型人才专业特长的课程，要加强专业核心课程的比重。由于高校学前教育专业的学生在选择未来理论研究方向上的多元化以及升学教育的实际需要，因此培养理论型人才所需课程体系要由必修课和选修课构成。通识课程之政治理论课、外语，以及专业基础课程之升学统考科目为必修课程，当然必修课程还有很多。理论型人才需要了解教育科学研究前沿的一些状况，可能还需要掌握学前教育专业之外的某一学科专业的基本知识，这些实际需求因为不具有普遍性，必须由选修课来满足。

2. 应用型人才培养之课程方案

（1）托幼机构师资培养之课程方案高师通常根据培养人—培养教师—培养学前教师这样的基本线索来设计幼教师资培养课程模块，构成课程体系。通识课程，是培养全面发展的现代人必需的一些课程，如大学语文、外语、体育、思想品德修养、计算机应用基础等。专业基础课程是为培养现代教师的一般素质而开设的一些课程，如普通心理学、中外教育史、教育心理学、教育统计学、教育学原理、课程与教学论、发展心理学、教育研究方法等。专业课程是为培养现代学前教师特有的职业素质而开设的一些课程，由专业核心课程、专业技能课程、教育实践课程等构成。根据教师教育/学术性职业化、师范性实践化的应用型人才培养的办学理念，上述培养方案具有课程比例失调、分布不均衡，课程开设多而重复，技能培养力度不够，核心课程难确立，专业实践课程所占比例太小的缺陷。改革之道，首先要打破模块分割，加强专业课程综合化，例如，鉴于通识课程比重过大，可以将某些课程加以整合，同时适当减少课时；可以将专业基础课与专业核心课程中的一些课程加以整合，例如将教育史类课程整合为一门，将研究方法类课程整合为一门，将教育基本原理类课程整合为一门，将学前儿童语言教育等五大领域与幼儿活动设计与指导整合等。其次，加大技能教育课程的比例并优化其教学过程，增加教育实践课程的比例并注重其教育效果。

高校学前教育专业传统上的课程设计具有重视理论素养培养而忽视实践能力与艺术技能培养的缺点，根据该专业培养合格的学前教师的办学使命，课程方案应该做出上述调整。

（2）非师资类应用型人才培养之课程方案非师资类应用型人才的培养是高校学前教育专业的非重点工作，不过从以生为本的理念出发，还是要做好这项人才培养的课程设计工作。非师资类应用型人才的工作性质决定了其从业人员的职业素质结构，进而决定了学前教育专业关于该类人才培养的课程方案。非师资类应用型人才的职业性质及素质结构具有双专业的特点，即他们所从事的工作不是教育，又与教育相关。例如，教育行政部门中从事学前教育管理的人员，他们所从事的工作是管理工作，其工作对象又是学前教育，因此他们作为学前教育管理者既要具备管理人员应具有的一般素养，又要具有学前教育方面的知识、能力素养。因为非师资类应用型人才需要两方面的专业素质，所以高校学前教育专业应该提供相应的课程，以培养之[①]。

鉴于目前学前教育专业的办学条件及教师队伍的专业素质结构，可考虑由选修课程培养学生的非学前教育专业素质。因此，非师资类应用型人才培养课程由两部分构成：其一是学前教育专业主干课程，挑选通用性强的课程构成必修课，其余部分构成学前教育专业选修课；其二是非学前教育专业课程，完全是任意选修课，由校内外相关课程资源（包括校内跨专业选修课、其大学的课程资源、网络教育资源等）作保证，由学生根据自己的就业志向选择相应的非教育专业课程。两类课程的结构应根据非师资类应用型人才的具体性质而定。

三、培养过程注重理论与实践有机结合

在对学前教育专业人才培养实施过程中，依据学前教育专业课程的特点和职业岗位能力要求，在课堂教学中以教师为主导、学生为主体中突出理论联系实践，强化学生对学前教育专业技能应用能力的培养。因此，教学方法要强调实践性。其主要体现在一要重视学生主动参与、亲自实践，二要创设真实的教学情景中运用所学习的基本理论与方法联系实际的探究、解决问题，提高学生职业技能应用能力和加强学生解决实际问题的能力。教学方式的实施与应用离不开教师的指导，

---

① 庞丽娟，范明丽. 当前我国学前教育管理体制面临的主要问题与挑战［J］. 教育发展研究，2012（4）.

而在培养过程中教师向"双师型"教师转变趋势明显，这种教师既拥有理论教学水平，又具备实践教学经验。在高校学前教育专业中，这种教师不仅是高校学前教育专业教师，也可以成为幼儿专业化教师或者育婴师。双师型教师能够在理论知识教学中与实践保持紧密联系，并且在实践教学中给予经验指导，促使学生获得理论知识的同时又能提升专业实践技能。实践课程教学正是将理论知识应用于实践，在理论与实践有机结合中进行专业技能和专业能力训练，一般包括校内实训、实践、校外见习、实习及社会实践活动等。

1．开设学科导论课，巩固新生的专业思想

立足幼教师资，兼顾相近相关这一学前教育专业办学理念要求巩固新生的专业思想。大一新生由于传统观念以及对学前教育专业的不了解，往往专业思想不牢固，表现为对所学专业的失望，希望在学期末时转专业学习。高校学前教育专业应该为新生开设学科导论课，配备最好的教师，轮流授课，介绍本专业的作用、特点、就业去向，本专业教师的研究方向、特长、成果，本专业的学习特点、重要课程，及如何更好地完成学业，提高自身综合素质，增强学生的专业自豪感，巩固专业思想，树立学好专业的自信心。聘请心理咨询方面的专业教师为大学新生举办入学适应教育讲座，增强新生的入学适应性，尽快适应大学生活。

2．设立学业导师制度，注重综合素质培养

大学生对高校师生关系的感受不同于中小学时期，往往觉得大学里的师生关系较为疏远，班主任、教师不能在学业、生活上给予有效的关心、指导。我们不能让大学生离开了中学时代的保姆式教育后在大学的放任自流中蹉跎岁月。自新生入学始，学前教育专业除配备专职辅导员、班主任外，还要选聘师德高尚、教学与科研成绩突出的教师担任本专业各班级的学业导师。在学生四年学习期间内，学业导师基本不变，并坚持每周安排一定时间和学生接触，从思想、学习、生活、情操、兴趣、人际交往等方面和学生进行个别交流。学业导师通过和学生长期的接触，增加了对学生个体的了解，及时把握学生的专业学习情况和思想动态，提高了每个学生的专业素养和综合素质。

3．开展职业倾向测评，实行人才分流培养

根据升本教育的精神，从三年级开始，将学生根据能力和兴趣，分为理论型和应用型两类人才，实行分类培养。人才分流的现实依据，就是学生的意愿、职业倾向性与已有专业素养状况。院系办学者一方面让学生了解本专业人才分流培养的意义，另一方面还要做一些具体的工作。例如在二年级第二学期末对学生进行职业倾向测评，让学生了解自己到底重视什么，喜欢什么，能做什么和适合做什么。在学期末组织班主任、学业导师、任课教师等对学生进行人才分流培养基本知识的教育工作，组织学生根据自身的实际情况确立自己的分流方向。三年级伊始即进入两种不同的培养体系。

4．探索理论型人才培养的途径

可通过如下培养途径，将一部分基础扎实、学有余力、有志从事科学研究和深造的学生培养成理论型人才：

（1）配备高学历、理论研究成果丰富的教师授课。在授课中结合自己的研究，把握理论前沿，介绍各种新的理论与方法。

（2）加大理论培养力度，在课堂教学中注重拓宽知识面，注意理论的深度把握，使学生掌握精深的专业理论基础知识。

（3）采用研究型教学模式，即在研究中学习、在学习中研究，以研究促进教学、促进发展，突出创新精神的培养和学生理论思维能力的提高。

（4）聘请高水平专家给学生举办专题学术讲座，以开阔学生视野，启迪学生思维。

（5）以提高大学生的科研能力为目标，吸收学生参加教师的科研工作，教师科研课题中的部分问题作为学生的学年论文和毕业论文选题，并从文献查阅、研究思路、方法、手段上精心加以指导。

（6）鼓励学生考研，并给予考研辅导，提供良好的复习环境。

5．探索应用型人才培养的途径可通过如下培养途径培养应用型人才：

（1）配备具有幼儿教育实践经验、掌握幼教理论、擅长幼教应用研究和事务的教师授课，授课中教师结合自己的教育、研究经验，在向学生传授适量的幼儿教育理论知识的基础上，重点培养学生的幼教工作能力，巩固专业思想。

（2）重视实践性教学，提高学生的应用能力，除每门课程教学中强调实践应用外，还从各课程的相互联系上构建实践性教学体系，制定实践教学大纲，明确实践教学内容，完善实践教学条件，确保课程实践质量。

（3）建立数量足够的高水平幼儿园实践基地，为师资类应用型人才的培养提供教育见习、实习的良好环境。

（4）建立院系内的幼教模拟实习室，配备完善的模拟实习条件，为幼儿教育五大领域的学习提供技能训练的条件。

（5）聘请优秀的幼儿园园长、教师为学生做/幼儿教育实务之类的专题报告，使学生了解幼儿教育的实际及其对自身专业素质的要求。

（6）积极指导非师资类应用型人才处理好幼教专业学习与非幼教专业学习的关系，为他们的非幼教专业学习提供便利，特别是完善非幼教专业学习的学分互认制度。

（7）引导学生在完成本专业学习任务后选择辅修专业和辅修课程、选择多个方向课程学习，拓宽知识面，鼓励在校生参加各种资格证书考试，鼓励毕业生报考公务员，并进行有针对性的辅导。

（8）根据人才分类培养要求，加强师资队伍建设人才分类培养需要有专业素质结构合理的教师队伍，为此应该重视和加强教师队伍建设。一方面应该确立教师专业分类发展的工作思路，使教师向着基础理论与实践应用两个方向发展；另一方面，要根据学前教育专业的现状和未来发展规划，鼓励教师通过各种途径提高自己，例如报考研究生，或者进修学习，或者与幼儿园合作从事应用研究等。还要重视根据实际情况积极引进人才或者聘请幼儿园优秀教师和有关专家做兼职教师，充实教师队伍。同时，要建立教授对高校生直接授课和对青年教师授课质量督导制度和学生毕业论文指导的合格导师制度，确保教师授课质量和教学精力的投入。鼓励教师积极从事科学研究，申报相关课题，成为科研型教师。

四、培养评价强调评价过程，重视定性评价

学前教育专业人才培养模式是一个动态发展的复杂过程，而传统只注重结果评价但是结果评价反映的是学生发展的阶段成果，不可能准确、客观地去体现出评价过程中多种影响因素对学生发展产生的作用。由于学前教育评价的源头在西方，当今西方的学前教育评价也已趋于成熟，对于西方学前教育评价的发展历程及当代特点对于促进刚刚起步的我国学前教育评价工作有着极其重要的意义。

1. 西方教育评价的发展历程

一般来说，虽然教育评价制度的最初萌芽是我国古代的考试制度，但教育评价制度和理论的真正形成和发展是20世纪后半期以来，西方尤其是美国教育家努力的结果。所以，世界范围内教育评价的发展一般指西方教育评价的发展。西方教育评价的发展可以分为两个阶段：

（1）教育测验阶段教育评价是从教育测验中发展起来的。从19世纪后半期开始到20世纪30年代，教育测验阶段经历了约80年的时间。这一阶段的中心问题是学生个体测验的客观化和标准化问题，它又可以分为下述三个发展时期：

①萌芽期

19世纪上半期以前的西方各国，学校考试主要是对学生逐个进行口试。

1845年，美国初等学校普及，学生人数剧增，对众多的学生一一口试已不可能。于是，在美国著名教育家贺拉斯·曼（Horace Man）的倡导下，波士顿市教育委员会率先在美国以笔试代替口试，从而开始了以统一的试卷测验众多学生的新时期。为了提高书面测验的客观性，力求测验的客观化，英国格林威治医学院院长费舍（G.Fisher）搜集了许多学生的考试成绩，并依据一定的价值标准汇编成成绩量表，试图为当时的考试提供一个可供参考的客观标准。但由于种种原因，费舍的工作没有引起当时人们的足够重视。1897年的莱斯（Joseph Riee）拼字测验引起了人们对教育测验问题的极大关注。这一年，莱斯发表了他对20个学校16000名学生所做的拼字测验的结果：八年中每天花45分钟同每天花15分钟进行拼字练习的学生测验成绩并没有什么区别。这一结论尽管遭到了不少人的反对，但它引起了人们对测验问题的普遍关心，推动了教育测验问题的研究。莱斯也因此被人们称为教育测验的创始人。

②开拓期

　　前面提到的教育测验先驱们，仅仅是试图用一定的测验尺度寻求一定客观量的结果。教育测验的客观化、标准化受到极大重视还是开拓期的事情，教育测验的开拓期是指从1904年到1915年这十余年的时间。1904年，美国心事学家桑代克（E.L.Torndike）发表了《心理与社会测量导论》，标志着教育测验开拓期的开始和教育测验运动的开始。在这本书中桑代克系统地介绍了统计方法以及编制测验的基本原理，并提出了著名的论断："凡是存在的东西都有数量，凡有数量的东西都可测量。"这一论断对教育测验的发展起了很大的推动作用。

　　③兴盛期

　　教育测验的兴盛期是指自1916年至1930年这15年的时间。1916年斯坦福大学教授推孟（L.M.Terman）主持修订了法国心理学家比奈（A.Binet）的智力量表，首次引用了德国人斯登（W.Stem）提出的智商概念，从而使心理测验达至较为成熟在心理测验的基础上，教育测验也迅速发展起来。这一时期的教育测验已发展成为包括上述智力测验、学历测验和人格测验三种不同性质的测验。据统计，到1928年止，已有标准心理测验和学历测验三千多种，在人格测验方面，1921年，华纳德（G.G.Fernald）着手试做人格测验，1924年至2929年，哈芝恩（H.Hartshorne）等人组织了人格教育委员会，专门研究人格测验工具，并使之相当精密。

　　（2）教育评价阶段随着教育测验的发展，教育测验的一些弱点也逐步暴露出来。因而，随着教育测验兴盛期的结束，自20世纪30年代开始，教育评价的概念被提了出来。这一阶段一般可以分为下面三个发展时期：

　　①测验运动的批评期

　　随着教育测验运动的不断发展，人们认识到了教育测验的一些不足，如教育测验尽管能使教育客观化、标准化，但它不能对人的全部进行测量，从而也就无法把握教育的所有方面。因此，教育测验运动在很多方面受到人们的批评。当然，教育测验运动受到批评，还有其深刻的政治、经济原因。1929年，美国发生了大规模的经济危机，经济危机使得大批青年失去了就业机会，只能涌向中学。而当时中学课程的设置主要是以升大学为目的，不适应整个社会和失业青年的需要。在这种情况下，美国俄亥俄州立大学教授泰勒（Raiphw.Tyier）在卡内基基金会的资助下，于1934年开始了历时八年的课程与评价研究，这就是教育评价史上著名的"八年研究"。"八年研究"的结果表明，当时的课程和测验都是以教科书为中心的，并不能真正反映学生全面发展的情况。在对以前的测验进行批评的基础上，泰勒提出一套以教育目标为核心和依据的课程编制和测验编制的原则，试图以此把社会的要求和学生个人的需要反映在课程和测验之中，并正式提出了教育评价的概念。根据泰勒的观点，教育评价就是衡量实际活动达到教育目标的程度，测验只是它的一个手段。泰勒的理论在当时受到了较为广泛的欢迎。

　　②平衡发展期

这一时期主要是指1940年到1957年。在这一时期里，泰勒"八年研究"报告中关于教育评价的理论和方法逐步被人们接受，人们普遍认识到教育评价是教育领域中的重要课题，因此，不少人着手发展泰勒的评价模式，并研究每种教育活动的教育目标。比较有代表性的研究是布鲁姆（A. Blom）关于教育目标分类的工作。所有关于教育目标的研究对于完善泰勒的教育评价理论均起了重要作用。但总的来说，这一时期教育评价处于平稳发展的时期，没有什么新成就和新突破。

③专业化时期

这一时期是指从1957年至今。1957年，苏联第一颗人造地球卫星上天，在美国引起了巨大反响。美国人在深刻反省后的结论是他们在科技方面的落后反映了教育上的落后。为此，他们开始了较大规模的教育改革。在教育评价领域，人们也重新考察了当时占统治地位的泰勒模式，认为泰勒模式存在着根本性的缺陷。具体地说，教育评价如果以目标为中心和依据，那么目标的合理性又根据什么来判断呢？教育活动除了达到预期的目标之外，还会产生一些非预期的效应与效果，这些非预期的效应和效果要不要进行评价呢？等等。在这种背景下，泰勒模式的权威性受到挑战，各种教育评价模式应运而生。各种评价模式的出现，又更进一步激发了人们对评价活动的研究兴趣。由此，教育评价迅速成为一种专业化活动—高等学校中出现了为数众多的教育评价专业点，多种专门研究教育评价的专著、文章相继问世各种评价中心也纷纷创立。

2. 西方学前教育评价的发展历程

西方学前教育评价发展的历程和西方教育评价发展的历程是一致的。一般来讲，西方学前教育评价的发展也经历了从测验到评价的发展过程。

（1）学前教育测验阶段

1905年，法国心理学家比奈提出了他的第一个智力量表，这个量表指出了3岁、5岁、7岁儿童可以做到什么。这可以被看作是学前教育测验的开端。1908年和1911年比奈对量表进行了修订，引进了智力年龄的概念。1916年，美国心理学家推孟（L. M. Terman）修订了比奈的量表，并引入智商的概念，从而使对学前儿童的测验进入了更科学的阶段真正把学前儿童作为重点进行测验的最早而且影响最大的人物当推美国耶鲁大学教授格赛尔（A. Gesen）。格赛尔及其同事从1916年开始系统研究5岁前儿童的发展，收集了数以万计的5岁前儿童发展常模的材料，并于1940年正式提出专门测验学前儿童的格赛尔发展量表，又称耶鲁量表。这一量表包括从出生到5岁儿童的四个方面行为的发展常模，每一大的方面又分为许多小的方面，共计63项，测验的等级用A、B、C等字母表示，格赛尔在解释测验结果时还使用了"发展商数"的概念，他认为一个婴儿可以在运动方面获得一个发展商数，也可以在语言方面获得另一个发展商数，这两者并不一致，所以不能用一个总的智力商数来概括幼儿的发展水平。在格赛尔进行5岁儿童测验研究的同时，一些心理学家也进行了学前儿童测验研究。如德国心理学家彪勒（K.

Buhler）于1932年出版维也纳量表，美国加州的贝莱（N.Belle）于1930年正式提出"加州1岁婴儿量表"，美国的费尔莫尔（E.A.Finmore）在1936年发表依阿华婴儿测验等等。在格赛尔量表发表以后，受其影响的一些早期儿童测验也纷纷间世。其中比较重要的有：卡特尔（Cattell）用以测验2个月到30个月婴儿智力发展情况的婴儿智力测验；格里非思（Griffiths）用以测验婴儿认知能力的智力发展量表；佛兰肯伯格（w.K.Frankenburg）和道兹（J.B.加dds）的具有国际影响的丹佛（块nver）发展筛选测验。

（2）学前教育评价阶段

随着学前教育测验时期的结束，学前教育评价时期开始了，学前教育评价工作在50年代以后受到了西方各国的普遍重视。这其中的原因概括起来有以下几点：

①学前教育改革的需要

20世纪50年代末60年代初以来，为了迎接新技术革命的挑战，世界各国纷纷进行了较大规模的教育改革，而学前教育成为这次改革的重点之一，如苏联进行了把7岁入学改为6岁入学的实验，美国的纽约州进行了对4岁幼儿进行正规教育的实验等等。改革要求有判断新措施功效的标准，这就需要一套科学的评价理论和技术，为教育决策提供科学依据；

②学前教育投资效益评价的需要

由于学前教育在20世纪60年代以来受到普遍重视，世界上不少国家增加了学前教育投资，如美国政府大量拨款开展了"提前开始运动"。据统计，20世纪60年代和70年代，联邦政府每年为参加该项活动的每一幼儿投资约3000美元；英国政府于1968年开始实施一项"援助城市计划"，六年之内向贫困地区拨款6000万英镑，其中三分之一以上用于开展5岁以前幼儿的教育工作，政府在学前教育上增加了投入，就提出一个教育投资的效益评定问题，这也是学前教育评价受到重视并得以迅速发展的一个重要原因。

③学前教育模式比较研究的需要

20世纪60年代以来，以往对学前教育影响最大的"遗传决定论"在世界范围内受到了一些学者的批判，重视环境作用和环境与遗传相互作用的理论受到了不少人的欢迎。遗传和环境谁在儿童发展中起主要作用的争论引发了人们对受不同理论影响的学前教育模式之间谁优谁劣的比较研究。如美国著名的幼儿教育家大卫·麦克特等人对直接教学模式、开放教学模式、幼儿中心模式进行了十几年的比较研究，而几乎与此同时，另一名美国著名幼儿教育家露易斯·米勒对贝雷特—英格曼直接教学模式、苏珊·格里教学模式、蒙台梭利模式和传统模式进行了长期的比较研究，比较研究需要有一个比较客观的评价标准和一系列评价方法与步骤，所有这些也为学前教育评价理论的发展提供了动力。

④纠正片面智力开发的需要

　　相当长一段时间以来，特别是20世纪60年代以来，世界各国对学前教育效益的评价主要是基于对接受训练的学前儿童智力测验成绩的评价，片面追求智商分数而不顾孩子其他方面发展的情况普遍存在。显然，这样的学前教育评价不利于培养真正的全面发展的人才。为了解决这一问题，必须有全面衡量幼儿发展的标准，有关于幼儿身体发展、智力发展和社会性发展评价的综合评价指标。这样，以往的学前教育评价体系和方法就必须改革，并在改革的基础上形成新的全面系统的学前教育评价标准，从而使学前教育评价更客观、更全面、更科学，更有利于促进学前教育工作的全面开展。

　　可以说，正是因为有了以上原因的促进和推动，才有了现在学前教育评价的一系列理论和方法，有了学前教育评价的繁荣局面。20世纪60年代以来，以美国为中心，学前教育评价工作大面积展开。其中比较有代表性的研究有：

　　第一，对"提前开始运动"的评价研究。20世纪60年代，美国实施了大规模的贫穷儿童补偿教育计划即"提前开始计划"。许多教育工作者对幼儿接受训练前的情况进行了测验，并对幼儿接受训练后各方面的情况进行了评价，认为这一计划有助于幼儿的发展，对提高幼儿入小学后的学习成绩有明显的作用。

　　第二，对不同课程模式的评价研究。随着美国教育改革的展开，60年代以来美国出现了许多早期教育的课程模式，其中比较有影响的有直接教学模式、开放教学模式、幼儿中心模式和主题教学模式等。这些模式孰优孰劣？各有什么特点？美国一些教育家开展了较大规模和较长时间的课程模式评价研究。例如：大卫·韦克特（David weikart）等人于20世纪70年代至80年代初历时十几年在密歇根州对三种主要课程模式—直接教学模式、开放教学模式和幼儿中心模式进行的评价研究，路易斯·米勒（Louise Miler）等人于70年代在肯塔基州对两个直接教学模式——贝雷特—英格曼（C.Bereirer和Engelmann）直接教学模式和苏珊·格里（Susan Gray）直接教学模式，以及两个非直接教学模式——蒙台梭利（Montessori）模式和传统模式进行的评价研究。

　　第三，对学前教师的评价研究。随着早期教育规模的扩大和质量的提高，美国出现了合格教师短缺的现象。为了解决这一问题，1972年美国儿童发展局建立了儿童发展工作人员合格证书授予制度，并同时制定了评价合格教师的六项标准。

　　3．西方学前教育评价的当代特点

　　（1）在评价的目的上，强调促进学前教育的发展。早期的学前教育评价主要是通过测验来鉴别儿童，选拔适合教育的儿童，而现代学前教育评价则是用来诊断问题和改进学前教育的，它的目的是创设适合儿童的教育。这一评价目的的转变是现代学前教育评价区别于早期学前教育评价的一个重要标志。与学前教育评价目的的转变相适应，学前教育价也从早期重视对结果的评价转为现在更重视对过程的评价。对结果的评价其主要功能是给被评价对象做出某种资格证明，比如证明幼儿的体格发育达到标准或对幼儿在绘画方面的能力加以认可。对过程的评价其主要功能是通过揭示存在的问题，向有关人员及时反馈信息，以促进工作的改进。

（2）在评价的过程上，重视自评方法的运用。一般来讲，现代学前教育评价均主张把受评者的自评作为整个评价活动的预评阶段，从而促进受评者自己发现问题、改进工作，同时促进受评者与评价者的沟通与理解，使受评者易于接受评价者的评价意见和建议，不会产生与评价者对立的情绪。

（3）在评价的方法上，重视定性与定量的结合在学前教育评价发展的早期阶段即学前教育测验阶段，人们主要是用客观方法如实验设计的方法（在评价设计中运用对照组进行比较等）和客观资料的方法（对收集来的资料进行统计分析等）来进行评价。由于这样的评价其评价结果不以评价者的主观意志为转移，似乎非常公正，所以在评价的早期，定量的方法或客观评价的方法倍受人们赞赏，相当多的人都认为只有客观的量化的方法才是科学的方法。随着学前教育评价活动的广泛开展和普及，通过大量的学前教育评价实践活动，人们逐渐认识到学前教育活动是一种极为复杂的社会现象，每一种学前教育现象都是多种因素相互作用的结果。因此，片面追求用客观的、定量的方法进行学前教育评价容易把复杂的社会现象简单化或者导致评价者忽视较难定量的和缺乏客观资料的因素，从而使学前教育评价失之片面。所以，近年来的学前教育评价工作者非常重视定性评价方法的运用，如采用非实验的自然观察法和谈话法等，并力图把定量分析的方法与定性分析的方法结合起来，综合运用，在学前教育评价工作中收到了较好的效果。

（4）在评价的内容上，重视立体评价和全面评价。过去的学前教育评价主要集中于对幼儿智能的评价，现在的学前教育评价相对于过去而言，已有了巨大变化。首先，对幼儿的评价不再仅仅局限在智力评价上，即不是把主要注意力放到智力评价上，而是充分注意到了幼儿发展的各个方面，如体能、社会性、情绪情感等方面，对幼儿发展的不同方面、不同层次进行评价已成了学前教育评价的一个重要特征；其次，学前教育评价已不再是单纯对幼儿发展的评价，而更重视对学前教育的整个过程的评价和对学前教育诸方面的评价。对学前教育整个过程的评价包括对教育方案或计划的评价、对教育过程的评价和对教育效果的评价，而对学前教育诸方面的评价包括对园长的评价、对教师的评价、对环境的评价、对社区服务的评价等等；再次，近年来，学前教育评价的范围由幼儿发展、学前教育、教育的微观领域和中观领域扩展到了宏观领域，如学前教育改革的科学性、学前教育的理论水平和科研水平、学前教育管理人员和组织机构设置的合理性等等。

（5）在对待评价结果的问题上，重视全面的解释与慎重的处理。现代学前教育评价高度重视对结果的全面解释，主张把每一个幼儿、幼儿园、幼儿教育模式的特色加以充分考虑，不以偏概全，不凭个别数据下结论，重视全面解释与慎重处理评价结果，从而既维护了结论的权威性，不因个人的好恶或其他原因而改变结论，又保证了对结构解释的适当性，使评价结果真正能起到它应起的作用教育过程的复杂性决定了简单的量化并不能对学前教育高校人才在学前教师岗、保育岗及其他岗位的职业素养和解决实际问题能力的本质判断，也不能够准确反映学生在对专业知识学习及技能提升的动态变化，但是由于过程评价不仅能够对学前教育专业学生外在表现动态变化进行真实反映，而且其具有的定性评价特性又能够关注学生在学习过程中的参与努力，保证评价结果的客观、公正。目前学前教育专业人才培养评价方法使用中采用定量与定性相结合的评价方式，特别注重在评价过程中坚持多样化定性评价原则，对本专业学生实现准确有效的综合化的考核。

第三节　学前教育专业的实践性知识观

从专业发展方面来说，实践性知识的获得将使学前教育高校生能够较好地适应不同的教育情境、在行动和反思中构建自我知识、形成自我觉醒式的可持续发展能力、养成良好的职业热情和职业素养；从完善教育实践模式方面来说，有助于实现教育实践目标与学科教学目标、理论知识与教育实践内容的融合，构建尊重个体主动性发展的协商对话机制，加深幼教机构与学校的合作；从优化教育实践评价体系方面来说，可以为学前教育高校生教育实践评价提供新的评价视角、理念、维度和内容，同时构建相应的激励机制。

一、学前教育高校生实践性知识的理论分析

1. 研究基本思路

扎根理论产生于20世纪60年代后期，社会学家克勒哲（Claser）和斯奥士（Strauss）在《扎根理论的发现》一文中提供了有力的论证，使得质性研究本身作为一种可靠的方法论路径获得了合法性，而不仅仅是使用量化工具前的一个步骤。该研究方法通过归纳法从现象中提炼该领域的基本问题，从而逐渐创建和完善了相应的理论体系，强调对行动和过程的分析，大大提高了质性研究的信度和解释力。该研究方法的基本思路为：

（1）从经验数据中产生理论遵循一切皆为数据的理念，对经验数据逐步深入分析；

（2）在编码过程中保持理论的敏感性如果研究者没有一定的理论敏感性，在编码过程中容易陷入困境；

（3）不断比较在经验数据和理论之间不断比较，而后依据数据和理论之间的相关性提炼类属关系；

（4）理论抽样。研究者在收集、编码并分析数据的同时做理论抽样，以决定下一步应当收集或补充哪些数据，一直到数据达到理论饱和为止。

2. 研究过程与结果

（1）被试选择本研究采用理论性抽样法、目的性抽样法和链锁式抽样法相结

合的策略。首先，通过查阅和综述相关的文献，确定被试选取的初次标准，并通过观察和访谈完成初次抽样，抽取能提供最大数据量的研究对象；其次，对初次抽样获取的原始数据进行编码分析，将分析产生的初步理论提炼成为下一步抽样的标准；最后，在抽样和分析的过程中不断比较，直到范畴和子范畴的分析达到理论性饱和，即获取的数据不再能够使任何范畴或子范畴得到补充和发展（见表2-1）。

表2-1　被试选择的标准

阶段	标准
初次抽样	喜爱幼儿、较强行动力、较高积极性、较强问题解决能力、较强情境适应能力、较强学习迁移能力、专业基础知识和技能较为扎实、具有批判性思维能力和反思能力
再次抽样	有意识地将幼儿发展的知识与幼儿教育知识相结合、将保育知识与幼儿生活活动相结合、将通识性知识与幼儿全面发展相结合；具有较强的自我认知和调节能力，可以从实践和反思中获得成长；具有良好的人际关系，并有较为丰富的经验
第三次抽样	具有较为坚定的信念、丰富系统的情境体验、课程知识与实践融合程度较好、较好的人际关系能力、具备元认知成长的能力

由表2-1可知，被试选择旨在选取经验较丰富、表现优秀的学生，为此本研究选取某大学学前教育专业实习生36名，其中男生7人，女生29人，通过个别访谈、焦点团体访谈、观察记录、实物分析等方式收集数据。研究者以指导教师的身份参与实习，在阶段1使用目的性抽样选择对象进行访谈，在阶段2和阶段3通过理论性抽样和连锁式抽样选择研究对象。

（2）访谈内容访谈的主要内容包括：

①你在实习或实践过程中有哪些让你印象深刻的事情？

②你在幼儿园实践过程中的情感、态度、目的、行为如何？是否发生过变化？是否有意识地做出调整？如果有，请按时间顺序具体说明。

③你觉得学校设置的课程对实践有用吗？请具体说明。

④人际关系对你的成长有哪些影响？

⑤你在实践过程中有哪些自己的思考和想法？

⑥你在实践过程中遇到了哪些困难？是怎么解决的？

⑦你是如何进行反思的？

⑧实践过程中你有哪些收获？感觉自己需要补充哪些知识和加强哪方面的能力？

（3）研究步骤本研究的编码分析分为三个阶段，各阶段的研究目的和参与人数见表2-2。

表2-2　学前高校生实践性知识的扎根理论分析阶段

阶段		目的	人数
阶段1：开放式编码	初步概念化	系统把握资料	13
	概念化	归纳与提炼	7
	确定类属	形成概念和范畴	6
阶段2：轴心式编码		通过典范模型，发现和建立概念之间的各种联系	21
阶段3：选择式编码		建构核心类属	11

①阶段1开放式编码是对原始经验数据的概念化，研究者要以一种开放的心

态，尽量悬置个人倾见和研究定见，将所有资料按其自身所呈现的状态进行登录，这是一个将资料打散，赋予概念，再以新的方式重新组合起来的操作化过程。数据采集的方法包括个别访谈和焦点团体访谈，共访谈13人，其中7人是个别访谈，6人是焦点团体访谈，每次收集数据之后进行一次编码，采用逐行编码的方式对经验数据的内容进行定义。开放式编码通过对原始经验数据的归纳和提炼，界定概念和范畴，同时挖掘范畴的属性及其维度，并做出相应的描述，以确保操作过程的科学性。为了说明开放式编码的过程，下面呈现部分编码记录的例子（见表2-3）和部分范畴的属性及其维度（见表2-4）。

表2-3　学前教育专业生实践性知识的开放式编码示例

原始数据	概念化	范畴化
刚进入幼儿园，大家都比较拘谨，没有积极融入进去。	实习积极性	意志力
虽然有一堆的问题要解决，但是我是不会轻易放弃的。	坚持不懈	
真的不想起床，但是想到有孩子在等着我，精神劲立马就来了。	克服困难	
孩子们很喜欢我，我也很喜欢他们，和孩子在一起很快乐。	情感倾向	动机
希望通过实习可以让自己的能力更强，好找工作。	个人期望	
上次组织小朋友做游戏的时候，很难管理，这次要先建立好规则。	个体的实践经验	原有经验
老师说幼儿园的语言暴力现象很多，现在看来确实如此。	从他人获得的经验	
写教案之前，查阅了许多优秀教案，并融入了课堂中学习的知识。	从课程和文献获得的知识	
幼儿园的卫生间竟然不分男女，小女孩和小男孩一起上厕所。	保育体验	实践中体验
看到有些幼儿园的老师用手中的纸去打不听话的小孩，她们就是这样教学的么？	管理体验	
幼儿心理学要求幼儿教学要以实物为主，而这个幼儿园的教学大多依赖多媒体。	教育体验	
看到有些教师变相体罚孩子，我绝不成为自己讨厌的人。	现象观察影响观念	实践中成长
我很高兴和孩子们相处，喜欢被依赖的感觉，虽然我起初不情愿参加实习。	实践经历改变情感状态	
很期待下一次幼儿园实习，希望我们能够在总结经验的基础上做得更好。	总结经验不断成长	

比如学习幼儿心理学能够系统了解幼儿的心理发展特点和趋势。	理论知识	课程知识的积累
幼儿的教学应该从幼儿感兴趣的点出发，而不是教师的想当然。	教学方法	
幼儿的管理应当是运用多种方法，而不是用言语去斥责。	管理策略	
可能是因为专业知识和能力锻炼不够导致我的团队领导力不足。	对自身知识结构的反思	课程知识融入个体实践
幼儿游戏课程中学习到一些游戏，我还做了一些改编，孩子们玩得很开心，我很享受这个过程。	对课程知识的再思考	
虽然讨论过程中有学科知识、观念、经验的对立和冲突，但改变和成长就是这样一个又苦又乐的过程，最重要的是能够获得真正的思考。	认识冲突中的个体思考	
区角环境的改造活动有创意、有意义，正好用上了环境创设课程的知识。	课程知识转化为实践	课程内容与实践的互构
亲身体验的实践使自己的心得体会真实而深刻，不必矫揉造作、刻意背诵学前教育的概念和理论。	课程知识通过实践内化	
发现书上的很多内容和幼儿园的实际不相符，高大上的理论指导不了实践。	对课程知识的反思	
在去幼儿园实习之前，我很担心，小朋友不喜欢我怎么办？	被喜欢的需求	情感需求
希望可以尽快融入到幼儿园当中。	归属感的需求	
能够成为一名孩子喜欢、同事认可、家长尊重的幼儿园老师，是多么幸福的事情。	他人评价影响职业认同	人际环境
幼儿园的老师很好，中午和我们一起吃饭，聊实习的感受，像是大姐又像是老师，有一种家的温暖。	人际氛围的熏陶	
如果不是A老师给予的信任，我的专业能力不会在短时间内提高这么快。	正能量传递影响专业发展	
我在玩教具上下足了功夫，改了又改，最后的成品得到了中班老师的称赞，这让我很有成就感。	努力进取获得成就感	定位自我
一切的努力都没白费，第一次上课，总体上对自己的表现很满意，同时也发现了许多问题。	自我的肯定与否定	
由于我的疏忽给那个小孩造成的伤害，至今都带着内疚，这件事让我深刻反省自己该如何与孩子交流。	反省中的自我提升	
没想到分发餐具这样简单的事情在孩子的眼里如此重要。	关注幼儿的细节	与幼儿一起成长
小朋友们你们好，可以叫我宝儿老师，和你喜欢的天线宝宝有点相似哦。	关注幼儿的经验和兴趣	
一个比较淘气的小男孩，走到我身边悄悄告诉我："老师，等会妈妈来接我，能不能夸我两句？"我看着他急切的眼神说："当然，你本来就很好"。	关注幼儿的心理状态	
连续两周都在幼儿园做一些繁琐的事情，很讨厌这样，但是我还是耐着性子坚持下去。	管理自己的情绪	善用方法
即使是像孩子吃饭、上楼梯这样的小事，都是教育的好时候。	把教育融入每一件小事	
管理孩子们，光用言语去呵斥是不可取的，应当多掌握好的方法。	幼儿教育方法	
在微教学设计的过程中，从网上找了一些游戏的案例，比较之后做了一些改动，并考虑幼儿是否感兴趣，是否适合幼儿的发展。	行动前反思	反思
我突然意识到对小A的批评严重了，赶快对小A说："没关系，下次听话乖乖的，老师依然很喜欢你"。小A含着泪点点头。	行动中反思	
对于孩子们回答不出问题，我做了反省，一方面是题目没有符合他们的年龄特征，一方面是语言不够生活化。	行动后反思	

表 2-4　范畴的属性和属性的维度示例

范畴	范畴的属性	属性的维度
意志力	意志力的积极性 意志力的坚持性 意志力的强度	积极性的面向：高、低； 坚持性的面向：持久、短暂； 强度的面向：强、弱
动机	情感的动机 期望的动机	情感的动机的面向：喜欢、讨厌； 期望的动机的面向：职业规划、自我实现
原有经验	原有经验的积累 原有经验的获取	原有经验的积累的面向：深厚、浅薄 原有经验的获取的面向：实践、课程、文献、他人讲授
实践体验	实践体验的方式 实践体验的内容	实践体验的方式的面向：参与、观察、引导 实践体验的内容的面向：保育、管理、教育

②轴心式编码指运用"因果条件→现象→脉络→中介条件→行动/互动策略→结果"这一典范模型，把开放性译码中得出的各项范畴联结在一起的过程。轴心式编码是在开放式编码的基础上，分析概念、范畴之间的关系，最终得到类属。典范模型是这一阶段的重要分析工具，用以建立概念、范畴间的联系，并将概念、范畴归纳为类属。

在此阶段，本研究共得出五个类属，分别是信念、情境体验、课程实践、人际关系、元认知成长，其示例见表2-5。信念是实践性知识的动力源，由实习积极性、坚持不懈、克服困难、情感倾向、个人期望五个概念和意志力、动机两个范畴通过典范模型构成。

a. 信念类属典范模型描述：学前教育专业生在实习过程中的情感倾向、个人期望决定了个体的动机是否与幼儿教育、幼儿园发展相统一，统一则实习积极性高，反之则低；高校生通过自己的意志力克服实习中的困难，并能够坚持不懈地积极实践，从而使得情感倾向、个人期望朝积极方向变化，最终相信自己喜欢从事幼教事业。这些可以归纳为"信念"类属，体现了信念的意蕴和构建，信念与情感、态度、价值观、意志力、行为倾向等的关联密切，描述的是学前教育高校生对幼教事业持有的稳定、持久、信其为真的非认知心理因素。

在获得信念的过程中，情感倾向、个人期望是不断变化的，积极或消极的变化取决于个人的意志力和动机。因此，实践性知识的信念具有在变化中趋于稳定、与认知的关联性较弱、与非认知因素关联性较强、意志坚定、内隐、职业认同感等特征，并在实践性知识获得和生成的过程中发挥着隐性导向，具有内在动力、价值判断、情感调节的作用。

b. 情境体验

情境体验是实践性知识的关联桥，由个体的实践经验、从他人讲授中获得的经验、从课程和文献获得的知识、体验幼儿的保育、体验幼儿的管理、体验幼儿的教育活动、现象观察影响观念、实践经历改变情感状态、总结经验不断成长9个概念和原有经验、实践中体验、实践中成长3个范畴通过典范模型构成。典范模型描述：学前教育高校生进入幼儿园之后的实践活动总是在个体原有经验的基础上发生，在体验幼儿的保育、管理、教育等实践活动中展开，并通过现象观察和实践体验不断积累实践经验，最终在实践全过程中获得成长。这些可以归纳为"情境体验"类属，以体验当下的情境为逻辑起点，关联原有经验和未来的实践成长。因此，"情境体验"类属具有情境依赖性、内容和信息多元性、经验的连续性、知识的个性化等特征，并在实践性知识获得和生成的过程中发挥着关联作用和载体作用。

c. 课程实践

课程实践是实践性知识的融合剂，由理论知识、教学方法、管理策略、对自身知识结构的反思、对课程知识的再思考、认识冲突中的个体思考、课程知识转化为实践内容、课程内容通过实践内化、对课程知识的反思9个概念和课程知识的积累、课程知识融入个体实践、课程知识与实践的互构3个范畴通过典范模型构成。

典范模型描述：学前教育专业生以课程知识的积累为基础，并结合个体的实践进行批判和反思，进而将课程内容转化为实践内容，并内化到个体的知识系统当中，最终个体的实习实践状态达到课程知识与实践不断互构（相互影响、促进、建构），促使课程知识与实践经验相融合。这些可以归纳为"课程实践"类属，将个体的知识结构、课程知识、实践体验相融合，融合深度是高校生知识实际运用和内化程度的衡量标准之一。因此，"课程实践"类属具有理论与实践的融合性、知识的再建构性、过程的反思性等特征，同时在实践性知识获得和生成的过程中发挥着知识整合、转化与内化、反思与构建、促进学习迁移的作用。

d. 人际关系

人际关系是实践性知识的共同体，由被喜欢的需求、归属感的需求、他人评价影响个体职业认同、人际氛围的熏陶、正能量传递影响专业发展、努力进取获得成就感、自我的肯定与否定、反省中的自我提升8个概念和情感需求、人际环境、定位自我3个范畴通过典范模型构成。典范模型描述：学前教育专业生初次进入幼儿园，情感上希望被小朋友、幼儿园老师接受和喜欢，也希望从中获得归属感，这样的情感需求是否被满足是高校生与幼儿、幼儿园建立良好人际关系的基础。在人际关系构建的过程中，个体与人际环境互动，主要体现在他人评价影响个体职业认同、人际氛围的熏陶、正能量传递影响专业发展等方面，最终个体在这样的互动中通过努力进取、自我的肯定和否定、反省中的自我提升等定位自我。这些可以归纳为"共同体"类属。人们形成"共同体"，既不是出于以"自我"为中心、把他人对象化的欲望，也不是出于对共同体中他人的被动依赖，而是出于个人之间自由的联合。对于高校生个体而言，"共同体"不是抹杀和消解个人自由与个性的抽象普遍性，而是每个人既充分发展自己全面的个性，同时又向他人敞开自身，与他人内在统一的社会结合形式，在与关系网络交互影响的过程中，个体不断地构建自我、生成自我。因此，"人际关系"类属具有身份认同、归属感、目标的同一性、自我定位与生成、多层面的交互性等特征，并在实践性知识获得和生成的过程中发挥着满足个体需要、获得认同与归属感、自我实现的作用。

e. 元认知成长 元认知成长是实践性知识的自调节，由关注幼儿的细节、关注幼儿的经验和兴趣、关注幼儿的心理状态、管理自己的情绪、把教育融入每一件小事、幼儿教育方法、行动前反思、行动中反思、行动后反思9个概念和与幼儿一起成长、善用方法、反思3个范畴通过典范模型构成。典范模型描述：学前教育专业生关注幼儿的细节、经验和兴趣、心理状态是其专业成长所必需的，即对幼儿发展特点和状况的认识是高校生成长的必要条件。高校生在实习过程中通过关注幼儿的细节、经验和兴趣、心理状态和管理自己的情绪、运用幼儿教育方法等力图将教育融入每一件小事中，科学合理地使用这些方法和手段，并结合行动前、中、后的反思对自己的观点和行为进行监控和调节，最终达到与幼儿一起成长的效果。这些可以归纳为"元认知"类属。

元认知指个体对自我认知过程的认知，以及在这种认知基础上的自我监督、计划与调节，是学前教育高校生对自己的成长过程的监控和调节。元认知成长不是高校生与幼儿之间的单向影响关系，而是一种互惠成长关系，个体的实践性知识生成依赖于互惠成长关系背景下对认知过程的自调节。因此，"元认知成长"类属具有自我认知监控和协调、贯穿认知过程始终的反思、高校生与幼儿的互惠成长关系等特征，并在实践性知识的获得和生成中发挥着自我认知的调节和监控、促进反思能力形成、调节教育策略的作用。

表2-5　学前教育专业生实践性知识的典范模型示例

典范模型	信念类属	情境体验类属	课程实践类属	人际关系类属	元认知成长类属
因果条件	情感倾向	原有经验	课程知识的积累	情感需求	关注幼儿的心理状态
现象	坚持不懈	体验儿童保育	对课程知识的再生产	人际氛围的熏陶	管理自己的情绪
脉络	动机	现象观察影响观念	课程知识通过实践内化	自我的肯定与否定	把教育融入每一件小事
中介条件	意志力	实践中体验	课程知识融入个体实践	人际环境	善用方法
行动策略	克服困难	总结经验不断成才	对知识结构的反思	努力进取获得成就感	反思
结果	实习积极性	实践中成长	课程知识与实践的互构	定位自我	与幼儿一起成长

③选择式编码是指在所有已发现的概念类属中经过系统的分析后选择一个"核心类属"，由此分析不断地集中到那些与核心类属有关的码号上，其主要任务包括：第一，明确资料的故事线；第二，对核心类属和范畴及其属性和维度进行描述；第三，检验已经建立的初步假设，填补需要补充或发展的范畴；第四，挑选出核心类属；第五，在核心类属和其他范畴之间建立系统的联系。选择式编码与轴心式编码的区别不大，是进一步深层次分析、验证和理论提升的过程。通过对以上14个范畴和5个类属的进一步分析，同时结合原始经验数据不断反复验证、比较、提问，发现"信念、情境体验、课程实践、人际关系、元认知成长"5个类属可以统领其他所有范畴。学前教育专业高校生的实践性知识充分展现了这些类属的内涵，即高校生初次进入实践场域的信念是不稳定和不明晰的，随着情境体验和课程实践的不断深入，个体的信念也处于不断的构建和强化中。个体通过塑造良好的人际关系来保障信念、情境体验、课程实践、元认知成长发挥良好作用，同时通过元认知来监控、调节信念，使之朝着积极的方向强化，并使情境体验、课程实践、人际关系朝着更符合个体成长需求的方向发展，最终高校生获得一定的实践性知识。

二、学前教育高校生实践性知识的特点与培养途径

1. 构成要素与生成路径特点分析

通过研究结果可知，学前教育高校生的实践性知识在构成要素上与一般教师有明显的共性和差异性。共性主要表现在：高校生与一般教师的实践性知识都具有实践性、个性化两个基本属性，是从实践而来、又指导实践的个性化知识体系。差异性主要表现在：

（1）一般教师实践性知识的"信念"要素在认知层面的作用显著高校生实践性知识的"信念"要素在认知层面上并未体现出"信以为真"的显著性，而集中体现在非认知心理层面上，并且处于不断变化中。这种信念是通过教师自己的实

践而形成的，并且被自己的行动效果证实为"真"，即知识对知识使用者是有用的，强调的是知识的有用性。

（2）一般教师的实践性知识通常在具体的问题解决过程中体现出来，具有问题情境性而高校生的实践性知识在情境方面侧重于体验，体现了经验的连续性和体验学习的特征。

（3）高校生实践性知识的构成要素中有"课程实践"，而一般教师的实践性知识不包括这一要素。一般教师的实践性知识通过"教"的实践来实现，而高校生的实践性知识通过"学"和"教"的双重实践来实现。

（4）一般教师的实践性知识中的人际知识主要指向教师和学生的关系，而高校生实践性知识的"人际关系"类属不仅表现在与儿童的关系上，也表现在与同伴、授课教师、幼儿园在职教师的关系上。

（5）一般教师实践性知识的"行动中反思"要素与情境对话，将学生和研究者的反应作为回话，对问题进行重构，并通过自己的实践意识对行动进行反思性监控。而高校生实践性知识中具有监控作用的要素是"元认知成长"，它关注个体实践的全过程（行动前、行动中、行动后），并关注幼儿发展的知识，通过对实践过程的反思性监控与幼儿共同成长。

通过分析实践性知识构成要素的职能及其相互关系，我们还可以得出实践性知识的生成路径。从职能角度来看，信念是动力源，为实践性知识发展提供内在驱动力；情境体验是关联桥，为实践性知识提供实践场域；课程实践是融合剂，为实践性知识提供知识场域；人际关系是实践共同体，为实践性知识提供满足需求、定位自我的有利条件；元认知成长是自调节，为实践性知识提供"导引"。从构成要素的相互关系来看，信念为高校生实践性知识的生成提供了内在动力，处于变化中趋于稳定的状态。信念在实践行动中的变化主要受到元认知成长和人际关系的影响，要使这三者之间的交互作用朝着积极的方向发展，必须以情境体验为途径或场域，以课程实践为基础。同时，高校生应利用实践共同体提供的有利条件，在元认知的全程监控和协调下，促进实践性知识的持续更新。学前教育高校生实践性知识的生成路径由此可以形象地描述为：以课程实践为"土壤"，在具体的情境体验中"发芽"，通过人际关系的"滋润"和元认知成长的"导引"，"培育"坚定而良好的信念，最终获得实践性知识这一"果实"（见图 2-1）。

学前教育高校生的实践性知识在生成路径上与一般教师也存在明显的差异，主要体现在以下三个方面：

①从实践性知识整体发展脉络来看，一般教师的实践性知识起源于实践、生发于多元反思、在自主构建中不断优化。而高校生的实践性知识起源于信念和课程实践、生发于情境体验、在人际关系和元认知成长的互构作用中持续更新。

②从实践性知识生成的特征来看，一般教师的实践性知识体现出了更强的问题导向性，从个体发展实际出发，有较强的针对性和实效性。而高校生的实践性

知识体现出了更强的全面成长性，符合现阶段高校生成长发展的需求。

③从实践性知识生成的状态来看，一般教师的实践性知识是"拔尖"式生长，而高校生的实践性知识是"扎根萌芽"式生长。

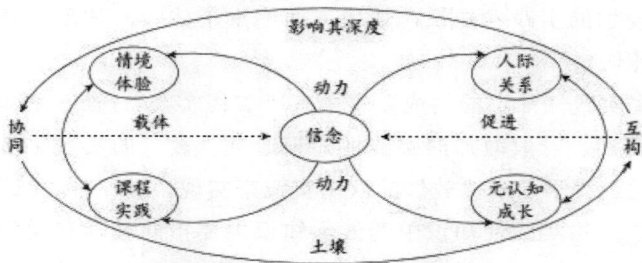

图2-1 学前教育高校生实践性知识的生成路径

2. 学前教育专业人才培养的途径

（1）应认清理论性知识与实践性知识的关系。从传统的"中心论"向"共生论"转变。理论性知识与实践性知识都可以看成是工具，它们的不同之处也许只在于它们在实践中的角色有所不同，与其讨论二者谁的地位高，不如讨论它们如何恰当地合作与协调。认为两者存在地位高低关系或以任何一方为核心，都体现出"中心论"的特征。所谓"中心论"即以某一方为"中心"，而另一方很自然地沦落为"边缘"，由此必然导致两者的遮蔽。我们应从传统的"中心论"范式转向"共生论"范式，即应从共生理念、可持续理念等出发思考问题或关系。就学前教育高校生的理论性知识与实践性知识的关系而言，过分注重任何一种知识，都是不利于学生的专业成长的，而应从"共生论"的视角出发探究两者的融合发展机制。

（2）应注重培养学前教育高校生元认知成长的能力和素质。元认知成长发挥着以下方面的作用：监控、掌握及选择合适的规则、使得监测执行更准确、掌握并选择合适的方法和策略、行为的动机、改变环境或调整自身适应环境来完成行为。元认知成长在学前教育高校生实践性知识发展中的作用主要体现为：高校生对自我成长过程的监控、掌握和运用学前教育的方法和策略、定位自我使得个体发展更加明确清晰、强化教育行为的动机、培养热爱学前教育的情感、调节自我和环境之间的互动关系等。由此可见，元认知成长是对实践性知识生成路径的监控和调节，包括对信念、情境体验、课程实践、人际关系四个类属的监控和调节，在培养学前教育高校生的批判思维、反思、情感调节、学习成长、问题解决能力等方面起着关键性的作用。

（3）应开发和建立学前教育高校生实践性知识的质量评价机制学前教育高校生实践性知识的质量评价是高校生教育质量保障体系的重要组成部分，开发和建立相关的质量评价机制，要遵循实践性知识构成要素的属性特征和相互关系的规律，以及实践性知识生成的内在逻辑，并制定适宜的评价范式、方法、内容和模式等，以符合学前教育高校生实践性知识发展的内在规律和真实需求。为此，首先要注重评价范式的转变，要摒除"为了评价而评价"的倾向，而应构建基于生存论视域的评价目标，即应注重个体的主动性发展、个体的自我反思和自我行动，并要努力在个体、群体、客观环境之间建立起积极的富有智慧的对话关系，由此促进个体、群体、客观环境的共同发展；其次要注重评价方法的优化选择，要尊重客观现实、教育情境、评价目标。教育评价方法大致可分为定量和定性两类，其中定量评价在描述和分析教育现象方面有明显优势，而对教育现象的解释程度较差；定性评价在解释和判断教育现象方面有明显优势，而对教育现象的描述有所欠缺。因此，评价方法的选择要注重融合不同方法的优势，尊重学前教育高校生的发展实际和特征，以提高学前教育高校生实践性知识评价的信度和效度。

（4）应营造正能量传递的人际关系本研究发现营造正能量传递的人际关系氛围，对培养高校生的非认知因素有明显的促进作用，特别是对初次进入幼儿园实习的学生而言，这种效果更是明显。同时正能量传递的人际关系氛围在一定程度上有助于个体定位自我，加深对自我的认知。库利（Charles Horton Cooley）提出了"镜中自我"的概念，他认为自我不是悬空存在的静态统一体，而是动态的、历史的过程，包含了主客体的关系，并且是在与其他自我的互动中产生的。也就是说，主体和客体的关系最终是自我和其他自我的关系（个体和人际关系之间的互动根本上就是"我"和"我自己"的关系），具体体现为个体对自我的监控和调节，这就更加强调了个体元认知成长的重要性，也体现了人际关系和元认知成长之间的密切联系。

（5）应重点培养学前教育高校生的非认知因素非认知因素是对客观事物的对待活动，包括注意、动机、兴趣、情绪、意志、性格等，并不直接参与对客观事物认识的具体操作。根据扎根理论分析的三重编码，可以看出意志、情感情绪、兴趣、动机等对学前教育高校生实践性知识的生成产生了多层次的影响和作用，具体而言体现在五个方面：

①动力作用。人们任何活动的动力都是由相应的某种动机激发而来，由非认知因素转化而来的动机，其影响更大、作用更积极、维持的时间也更长。

②定向作用。在学习和实习中，动机被激发后，紧接着就要通过个人的期望系统来确立目的、明确方向。

③维持作用。任何活动从激发动机到实现目的，都要有一个过程，所谓维持作用就是要借助于非认知因素，通过个体的积极性和坚持不懈等品质使活动得到长期坚持，直至达成目的。

④调控作用。在任何活动中参与者的心理都不可能一贯积极，而总有起有落，这就需要非认知因素及时地加以调控。个体通过管理情绪和反思等，调控自己的观念和行为，以克服困难、实现目的。

⑤强化作用。非认知因素的参与可以提高个体的全部心理活动的积极性。

（6）应开展多种渠道和形式的教育实践活动，搭建课程教学和实习实践之间的桥梁。学前教育高校生的实习环节只是教育实践活动的一种类型，实践性知识的生成并不完全依赖实习过程，而依赖于丰富多元化的教育实践活动，如项目课程、实践教学模拟、试教等。特别是当前学前教育高校生的实习往往流于形式，实习效果很差，这一弊病很大程度上制约了高校生实践性知识的生成。因此，一方面，政府、高校、社会组织应当协同合作，拓展多种渠道和形式的教育实践机会，为学前教育高校生实践性知识的生成提供良好资源和有利环境；另一方面，高校应从高校生实习时间和周期的设置、指导方式和力度、高校与实习单位的合作形式、实习效果评估等方面着手提高实习的质量。在此基础之上，还要进一步加强课程教学和实习实践之间的融合与联系。理论与实践的疏离仍然是当前制约学前教育高校生培养质量的主要因素，高校应进一步加强课程教学和实习实践的连贯性和系统性，遵循课程先行—实践追随—行动反思—再入实践的循环关系，同时在横向结构上，将课程教学和实习实践的目的、内容、教学方法、教学评价等糅合在一起，促进学生实践性知识的发展，搭建理论和实践之间的桥梁。

三、学前教育专业人才培养中应用嵌入式教学的调查

任何一种职业都离不开实践，任何一种职业的人才培养也都必将走向实践，反映实践对该职业的某种要求。而目前大多数教师教育院校的教学都或多或少存在着重理论轻实践的现象，学生往往是在学科知识的理论描绘下想象着未来的教师职业情境。这样的教学带来的最大的现实问题就是校内外之间的断裂，同时也势必"延长"学生毕业入职后职业化的时间。如何破解理论和实践割裂的困境，缩短学生入职后的适应期，使其快速地成长为合格教师，就成了教师教育培养中需要深入思考的现实问题。嵌入式教学既指在"以学生为中心、以能力为本位"的教育理念指导下，以培养职业胜任能力为主线，以学生职业能力的发展和提升为旨归，把理论与实践、知识与能力、校内资源与校外资源进行有机整合、相互嵌入，实现"教学做"统一的教学形式。学前教育专业的"幼儿园班级管理"课程是一门涉及教育学、心理学和管理学的综合性、实践性较强的应用型课程。如果只是以传统的教师理论讲授为主，在课堂上简单介绍有关管理的各种理论性知识，无疑对学生职业能力的快速提升不利。在"幼儿园班级管理"中尝试嵌入式教学，可以更好地培养实用型幼儿园教师，提升学生的职业能力，实现理实一体、理实交融的教学效果。

1. 嵌入式教学的特点

（1）双向嵌入、理实互补一直以来高等教育与用人单位之间最大的嫌隙就是培养的毕业生理论知识够用，职业能力薄弱，入职后不能较好、较快地进入职业角色，不能表现出较强的职业胜任力的问题。嵌入式教学在提升职业能力的前提下，以专业能力培养为主线，进行双向嵌入，一方面强调在学科专业理论知识的

学习中嵌入有关实践领域的素材，辅助学生深入理解学科理论知识，增强对理论知识的感性认识和理解，提升理论素养；另一方面在对实践领域职业任务感知中嵌入学科专业理论内容，以理论知识分析和解读实践中的具体现象和问题，缩小理论与实践之间的张力，提升学生的实践理性和职业能力，增强学生的从业动机和信心。

（2）任务驱动、能力为本传统的课堂教学往往是学生在课堂内以学习概念化、抽象化的学科专业理论知识为主，其存在的最大问题就是理论知识结构很完整，但是缺乏对实践的解释能力和应对能力，不能学以致用。嵌入式教学基于实践和应用的逻辑起点，将理论知识的学习与职业实践中遇到的具体任务结合起来，将职业实践中的具体任务贯穿于理论知识学习的全程中，以实际任务作为思维和学习的"触发"点，引起学生的思考和学习行为，激发学生的求知欲，在完成任务的过程中，不断深化对专业理论知识的理解和把握。这就避免了纯理论讲授所带来的课堂"沉闷"和学生对未来职业场景的思维空白，增强课堂教学的活力的同时也使得学生未来的职业要求和情境在头脑中有一个清晰的影像。

（3）案例导向、渐进深化传统的课堂教学效果和学习成效要等到最后的学业测试才能够揭晓。

而在这期间，有的知识可能由于理解掌握得不深刻而随时间的推移出现遗忘。所以经常会出现期末"临阵磨枪式"的应考现象。而嵌入式教学具有开放式、互动式的特征。往往需要通过阐明事实的案例情境，结合学科相关理论，通过承载的各种信息、知识、经验、观点的呈现和碰撞，通过反复的互动和交流达到阐释理论和涤荡思维的目的，达成明确的教学目的，从而提高学生分析问题和解决问题的能力，加深对学科专业知识的理解，而这种理解往往印象会更加深刻，记忆会更加持久。

（4）学生主体、教师引导

我国课堂教学一直以来深受赫尔巴特传统教育派教师中心思想的影响，教师一言堂现象较严重，学生主体地位难以得到充分的体现。嵌入式教学中各项任务的展开和案例的反思必然要求学生以主要学习者的身份介入，同时整个过程中师生双方的互动较为频繁。可见，嵌入式教学无论从理念还是任务的提出及案例的呈现都体现了以学生为中心的教育理念，突出了学生主体地位，将学生看成学习的主人。教师作为辅助学生的助手而存在，既避免了教师一言堂的情况，同时也激发了学生自主学习的动力，促使学生积极主动地学习。

2. 嵌入式教学实践的调查与分析

本研究选取J学院学前教育专业学生"幼儿园班级管理"课程进行问卷调查，共计发放问卷150份，回收有效问卷144份。按照嵌入的内容不同，问卷分别从案例导引式嵌入、任务驱动式嵌入、微课植入式嵌入、"校—园"互动式嵌入四种嵌入方式进行了调查。调查结果显示，学生对目前的几种嵌入方式都有较高的热情，基本满意或持赞同态度。

（1）学生对案例导引式嵌入的认可度较高。学生普遍欢迎在课堂讲授中能够嵌入案例，86.1%的学生明确表示赞同教师在课堂教学中提供相关的案例，以案例导引加深对理论知识的理解。而对案例在课堂教学中的比重的调查，对"案例不要太多"和"案例太多占用讲授时间"的调查结果显示，分别有68.7%和65.3%的学生对上述观点持否定态度。可见学生对课堂教学中嵌入案例教学的认可度较高。

（2）学生对任务驱动式嵌入认可度较高，但会有部分压力。对任务驱动式嵌入的调查，问卷分别从学生的认可度、学生的参与度、学习效果、内容设置、教师指导等几个方面设计了11道题目进行了调查。调查结果显示：88.2%的学生希望课堂上教师能够提供操作类型任务，70.1%的学生明确表示喜欢问题解决类任务。但是，当问及模拟操作任务是否有压力时，47.2%的学生认为不会感觉压力大。而另有25.7%的学生认为会感觉到压力。可见，学生普遍认同和喜欢课堂上教师以问题解决的模拟操作式嵌入教学，但是有部分学生会感觉到有压力。而在对学生的任务参与度方面的调查显示：70.8%的学生能够对教师布置的课堂模拟任务认真准备。而在分小组情景模拟任务中，80.5%的学生能够明确自己的分工，并协同队友完成任务。这与学生对任务驱动式嵌入的认可度调查结果基本一致。当问及课堂上模拟问题解决任务教学方式的收获以及整体感受时，86.8%的学生认为可以了解同学之间的不同处理方式；86.8%的学生认为有利于分析和解决问题能力的培养和提高；70.8%的学生认为在课堂上，通过问题分析和讨论，对知识的掌握会更全面、更深入；76.4%的学生认为教师提供的情境模拟练习，内容恰当、合理，针对性强；60.4%的学生认为这学期的课堂上，有很多机会运用自己所学到的知识解决实际问题；同时，91%的学生认为在模拟解决问题时，教师会给他们及时的指导和纠正。

（3）学生对微课植入式嵌入比较认同，但更喜欢课堂讲授。对微课植入式嵌入的调查结果显示：88.9%的学生希望提供微视频教学，82.6%的学生认同微视频有助于学习者随时理解知识。可见，学生普遍欢迎教师提供微课教学也认同微课的便捷性。但是，当问及"微课与课堂讲授比较而言，是否更喜欢课堂教学"时，56.9%的学生认为微课与课堂讲授，更喜欢课堂教学，只有16.7%的学生不赞同而明确表示喜欢微课。这与对"微课是否会占用你较多的个人时间"中78%的学生认为"微课会占用较多的个人时间"的调查结果基本一致。

（4）学生普遍欢迎"校—园"互动式嵌入方式对"校—园"互动式嵌入的调查，问卷从现场观摩、幼儿园教师经验视频、幼儿园教师进课堂三个角度进行了调查，结果显示77.7%的学生赞同直接去幼儿园观摩，87.5%的学生赞同课堂上提供幼儿园教师经验视频，79.9%的学生赞同邀请幼儿园教师直接进课堂。可见，无论是植入幼儿园观摩学习还是将幼儿园在职教师请到课堂现场教学，都受到学生的普遍欢迎。从学科课程角度来看，不同性质的课程对理论性知识和实践性知识的侧重不同，有的偏于理论性，有的偏于实践性。虽然二者并无优劣之别，但是，从学科教学角度来看，不同侧重的课程，就要采取不同的教学策略，以收到最佳的教学效果。通过对"幼儿园班级管理"课程中进行的多元嵌入式教学实践的调查，我们发现，相对于传统的单一式的课堂教学，学生更希望利用现代媒体技术和新的教学策略，实现多感官的信息输入，能够将理论与实践更好的结合，激活理论知识。但是在调查中我们也发现了一些问题，如学生对任务驱动式嵌入的压力问题，学生对微课植入式嵌入与课堂讲授的喜好情况等。

四、学前教育专业课程实践性教学实例

2011年10月教育部颁布《教师教育课程标准（试行）》（以下简称《标准》），在基本理念板块明确指出"教师是反思性实践者，教师教育课程应该强化实践意识，关注现实问题，体现教育改革与发展对教师的新要求。"

《标准》的颁布，推动了高校学前教育专业实践教学课程的改革。高校学前教育专业的课程设置相应有所调整：以笔者所在学校为例，一方面是增加实践性课程的学时及学分（如学前教育专业课程的实践学分则从31学分增加到41学分，在专业实践模块则细分为专业基础实践、专业综合实践及创新实践三部分）；另一方面是加强理论课程的实践性教学与指导。

1."学前儿童语言教育"课程实践性教学的内涵

课程实践性教学是指在实践指导老师的引导下，学生通过模拟的环境或者现场环境，开展实践，在实践中消化理论和应用理论的过程与形式，它也是理论与实践联系的一种方式。该课程的实践性教学包含"现场观摩，邀请一线教师进课堂，3分钟故事会，微格教学，现场试教"等环节，通过这样的教学模式，提高了教学的效果，也促进了学生的反思与成长。

2."学前儿童语言教育"课程实践性教学的基本形式

（1）"请进来，走出去""请进来"主要是指邀请幼教一线实践能力比较强的优秀教师。以该课程为例，我们邀请幼对学前儿童语言教育有系统、深入的研究的幼儿园园长，来指导学生语言教育活动的设计与实施，这样的指导更具有针对性，也在一定程度上弥补了高校教师实践指导能力相对比较薄弱的情况。

"走出去"，是让学生在学习、反思的基础之上，去幼儿园现场观摩优秀教师的语言教学活动。在现场一方面是聆听一线教师上课学习他们上课的经验，另一个方面聆听一线教师对自己所上活动的自我评价，让学生明白活动实施的自我评价应该如何开展。

通过"请进来，走出去"不仅解决了高等学校教师"本身缺乏幼儿园教育工作经验，在教学过程中脱离实践地照本宣科空谈、泛谈"的不足，也让学生了解当前学前儿童语言教学活动中的问题，初步贯彻实施理论与实践相结合的原则，也在一定程度上提高了高校教师的实践教学能力、反思实践的能力，达到了"一

箭双雕"的教学效果。

（2）"3分钟故事会"

"学前儿童语言教育"不仅仅是一门教法课程，它还旨在提高学前教育专业学生的讲故事能力。讲故事是学前教师在语言课中经常要用到的，所以它是学前教师必须具备的基本技能之一。苏联教育家苏霍姆林斯基说过："如果你想使知识不变成僵死的、静止的学问，就要把语言变成一个最主要的创造工具。"学前专业学生将来面对的群体是以0～6岁的婴幼儿为主的，这是一个特殊的群体，如何能让自己的故事说得让这样一个特殊的群体能够喜欢，这不是一天两天能做到的。笔者要求学生自己在课下要阅读大量的故事，并背诵一些经典的故事名篇，在每次上课之前请3～4名同学来展示，并将之命名为"三分钟故事会"，即每人三分钟时间。通过讲故事的方式，不仅提高了学生的语言表达能力，也锻炼了学生的讲故事能力。在这个过程中，也发现一些问题，如有的学生表达不够大胆，讲故事时扭扭捏捏，故事语言成人化现象比较严重，忽视了幼儿的年龄特点，还有一些同学是以应付任务的方式，在此环节中应付了事，准备不充分，甚至没有准备，直接上台，以至于在讲故事的过程中断断续续，严重卡壳，这样就失去了三分钟故事会原本的意义。

（3）"微格教学"。微格教学是指利用先进的媒体信息技术，全面记录学生在说课及试讲等环节的教育行为全部细节，然后再由实践课程指导教师和学生一起边看录像边分析评价，找出问题所在，讨论如何改进，并由学生再进行试教[①]。"学前儿童语言教育"的微格教学实践证明，这种模式是非常有效的。通过观看自己说课及试讲的录像，学生不仅可以做自我评价，还可以自我改进；另外，由于是小班化教学（每班9人），只要实践教学时间能保证，就能保证每一个学生都有机会上台，也可以提高学生的参与性。这一点也解决了现场试教中所不能解决的问题，不能顾及全部人员。与此同时，这种模式也深受学生喜欢，所以针对学前教育专业教法课程相对较多的状况，可以考虑多采用这种方式。

（4）"现场试教，及时改进"。这是在学生学习、观摩及微格教室试讲的基础之上，由实践指导老师（含校内实践和校外实践指导老师）在幼儿园进行现场试教，与幼儿进行互动，针对试教进行评价、反馈，然后再进行实践，再反馈，形成"同课异构"的模式（针对不同班级，试教同一内容的活动，以《猜猜我有多爱你》为例，有两位同学分别以此在大班和中班进行试教，不同年龄段不同目标，因此采取的教学方式也有所不同；在第一次试教结束以后总结大家提出的意见与建议的基础上进行修改，后又在同一年龄段的不同班级进行试教），进而形成"学习—反思—实践—评价—再实践—再评价"的循环过程。在这个过程中，学生能够不断进行自我剖析，而这种自我剖析使学生的教育观念和教育行为得到及时的

①邵新杰，于贵波，阎文.信息技术与专业课程整合的研究与实践［J］.科技信息，2010（16）：94.

更新与调整，进而强化了学生的实践意识，提高了学生实际教学能力。

3."学前儿童语言教育"课程实践性教学的反思

在"学前儿童语言教育"课程实践教学开展过程中，我们也发现了一些问题。比如：实践教学的现实性还相对缺乏，幼儿园的主体性没有得到体现等。具体来说：

（1）实践教学的现实性还相对缺乏实践教学本身的目的是为了培养学生的综合职业能力，正如《幼儿园教师专业标准》中指出要"把学前教育理论和保教实践相结合……坚持实践、反思、再实践、再反思，不断提高专业能力。"而这种专业能力的获得和提高不仅是在模拟工作场中，更重要是在"实际工作场"中。模拟教学、微格教学有助于学生实践能力的培养，但是相对来说这种环境和幼儿园实际教学环境还是有较大的差异的，比如说教学对象、教学环境，因为这些差异带来个人的教学体验是完全不一样的。只有在幼儿园中进行实际的实践教学，才能获得最真实的教学体验，才会更容易发现自己教学中的问题，才能更客观地对自己进行剖析。因此，笔者以为在今后的课程实践教学开展过程中应该加强现场试教的环节，争取让每一位学生都有机会体验一把真实的教学。

（2）幼儿园的主体性没有得到体现这个也是幼儿园在与高校联合开展实践性教学活动过程中积极性不高的一个很重要的原因。在实践教学开展过程中，我们发现幼儿园老师的积极性不高，他们往往将之视为园长分配的任务。在这个过程中高校需要思考一个问题：我能给幼儿园带来什么？我能给幼儿园教师带来什么？如果能够解决好这个问题，那么幼儿园的主体性地位也将会得到一个极大的提升，而不是仅仅为高校提供一个实习场，实践场。比如可以让幼儿园参与到高校学前教育专业课程设置的谈论，参与课程实践教学计划的制定等。

第四节　学前教育专业专业人才培养质量评估指标体系的构成

一、学前教育专业人才培养的条件

1. 学前教育系的教育理念

学前教育是基础教育的前提，对于开发儿童的智力，培养儿童的语言表达能力，发展儿童认识事物的能力以及儿童的自制能力具有重要作用。学前教育承载着亿万家庭对美好生活的期盼，关系着国民的素质和国家的未来。因此，学前教育已经成为世界各国教育改革与发展的一个重要方面。

我们要想推进时代的发展，满足社会对高素质人才的需求，提高国民的整体素质，就必须重视一切教育的基础——学前教育。随着科学的发展和社会的进步，学前教育的重要性已被广大的学前教育工作者和家长所认可。儿童期是人的认知能力发展最为迅速的关键时期，在一个人一生的发展中具有十分重要的奠基性作用。学前教育是每个人终身教育的起点，对于每个人的心理素质、道德观念、价值取向的初步形成都具有非常重要的影响。因此，作为学前教师，我们应为儿童创设适宜的心理环境，支持和引导儿童的经验建构，从而促进儿童心智的健康成长。

（1）学前教育的基础性作用。学前教育对于促进整个教育事业的发展具有基础性作用。学前教育作为我国系统学制教育的第一环节，作为终身教育的开端，对于一个人一生的发展有着持续不断的影响。首先，学前教育可以让儿童掌握语文、数学等科目的一些基本知识，从而为学生以后的学习打下坚实的基础。其次，学前教育中的音乐、舞蹈、手工等多种艺术教育，可以让儿童从小就受到各种艺术的熏陶，从而提升学生的艺术素养，培养儿童良好的审美情趣。同时，通过各种艺术教育，儿童也可以更加准确地了解自身的兴趣所在，从而为学生以后的艺术道路的选择提供一定的借鉴。再次，学前教育也可以培养学生的独立生活能力、健康的行为习惯和良好的心理素质，这些都是学生以后生存和发展的必备能力。并且，儿童通过与教师以及其他儿童的交往，也可以提升自身的交际能力，懂得一些社会生存的法则，从而使儿童的行为更加符合社会的标准，促进儿童的社会化发展。总之，学前教育可以为学生以后的全面发展奠定基础，是整个教育体系中的至关重要的一环。

（2）突出学前教育的特色。学前教育不是为小学服务的预备性教育，所以我们在教学中应充分体现出学前教育的特色。在学前教育的过程中，学前教师应注重对儿童成长过程的记录，在平时的教学活动中，对学生进行细致的观察，并记录下每个儿童的成长情况和性格特点，从而为我们的教学提供必要的依据。同时，我们还应对学生的家庭情况及其所生活的社区的环境进行调查研究，从而全面了解学生的情况，提高学前教育的科学性。另外，我们应该根据儿童、家长等的反馈，对自身的教学行为进行反思，并据此对我们的教学行为进行改进。只有这样，才能确保学前教育始终保持"学前性"的特征。而在这一过程中，我们应认识到，随着学前教育的逐渐普及，学前教师在儿童身心的全面发展中扮演着越来越重要的角色。因此，我们因注重提升自身的文化素养和教学技能，从而为学生的健康发展做好表率。

在学前教育中，我们应注重加强与儿童的情感交流。教师应满怀爱心地走进学生的心灵，蹲下来和学生交谈，从而缩短教师与学生之间的心理距离。教育者必须尊重儿童的人格尊严、儿童的情绪和情感需要、儿童的选择和判断的权利，把自己摆在与儿童平等的位置上，努力加强与儿童心理上的沟通，并在终身教育观的指导下，积极提高自身的教育教学水平，全身心地为儿童的健康发展而奋斗。

（3）建立完善的学前教育投入体制。我们应始终坚持政府主导、社会参与、公办民办协同发展的学前教育发展方针，建立以公共财政为主导、多渠道投入相结合、家庭合理分担的学前教育投入机制。建立完善的学前教育投入机制是学前教育长远健康发展的基础，所以我们应整合各方面的力量，加强对学前教育的投入力度。同时，我们还应加强制度建设，强化对学前教育领域的监管力度，从而促进教育资源的有效配置，提高学前教育资源的利用效率。

儿童是祖国的花朵，是祖国的未来。开创学前教育的新局面，推动学前教育的大发展，需要社会各界的广泛支持。学前教育对儿童的健康发展有着非常重要的作用，成功的学前教育能对儿童的人生观、世界观的形成起到良好的引导作用。学前教育工作是繁重而光荣的，涉及的方面也非常广泛，需要我们不断地进行探索、研究，协调儿童、家长、幼儿园等各方面的关系，从理论和实践两个方面推动学前教育的发展，全身心地为培养身心健康的儿童而奋斗。作为学前教育的基层工作者，我们要紧紧抓住当前的大好发展机遇，突出学前教育的特色，创新多种教学手段，为儿童的健康茁壮成长提供一个良好的空间，从而为社会主义现代化建设培养更多合格的建设者和接班人。

2．学前教育教学基本设施

经费投入是学前教育信息化基础设施建设的关键，据有关统计显示，我国学前教育经费占教育总经费的比例只有1.3%，而国际平均水平为3.8%，由于政府保障水平低，导致学前教育中民办比例甚高（2010年，中西部地区民办幼儿园的比例高达80%以上），同时办园质量参差不齐。我国的学前教育信息化在宏观上区域发展不平衡，微观上内部应用不协调，学前教育里的"数字鸿沟"已经成为实现教育公平的严重障碍。幼儿园的网站、局域网等设置都要花费大量的资金请企业代设，所以一些经济实力并不雄厚的民办幼儿园就脱离了信息技术发展的轨道。当前幼儿园信息化基础设施已成为推进学前教育信息化进程的瓶颈，我国学前教育信息化基础设施建设薄弱，区域性差异显著。发达地区的幼儿园几乎可以100%地实现网络连通，信息化设备不断升级更新。但对于一般的城市来说，离这样的目标还有一段距离，而对于农村地区和边远山区，这样的目标遥不可及，因为基本的"入园"问题还未解决。

东部地区学前教育信息化建设起步较早，经费投入比较充足，发展得比较充分；而中西部地区，由于基本的园所建设及普及问题仍未解决，幼儿园的信息化基础设施建设还未受到重视和有力的支持，但有条件的省市在学前信息化基础设施建设方面还是有成效的。大部分地区的幼儿园已将现代信息技术应用于幼儿园的教育教学和管理当中，建立多媒体活动室、幼儿班级里也配备了电脑、电子白板、投影仪、DVD等硬件设施。部分发达地区还配置有双向视频会议系统、多媒体教学课件平台，基本实现了"园园通"。

西部地区，以兰州为例，幼儿园在信息化基础设施建设方面还处于较低水平，人们对信息化教学设备理解还比较狭隘。其中幼儿园的配置率达到70%以上的设备有联网的计算机设备、录音机、电视机，其中录音机的配置率达到了92%，而投影仪和幻灯机、数码摄（照）像机等的配置率则大部分不到50%。有52%的幼儿园配置有多媒体教室，有38%的幼儿园配置有广播系统，只有24%的少数幼儿园配置了专业计算机教室，而视频会议室、报告厅等其他信息化教学环境配置寥寥无几。而中部地区的硬件设施配置也不够完善：尽管所调查的幼儿园100%的配备有电脑、打印机、扫描仪和数码摄像机等设备，但是人均占有量却呈现显著差异；省示范幼儿园的电脑人均占有量为0.073台，市示范幼儿园的电脑人均占有量为0.04台，民办幼儿园仅为0.02台。

相对而言，上海地区的学前教育信息化在理论与实践方面都是走在全国前列的。2003年，上海市99%的幼儿园可以通过拨号或ADSL上网，建成园内局域网的就占61.5%，教师可使用的设备主要是计算机、VCD/DVD和录像机。2004年，上海市还为幼儿园创建了"园园通"管理应用平台。

《国家中长期教育改革和发展规划纲要（2010—2020年）》中强调要建立政府主导、社会参与、公办民办并举的办园体制。面对经费投入的比例与发展学前教育信息化发展所需大量经费的矛盾，我们应积极与社会各界建立合作，让更多有社会责任感和历史使命感的优秀企业共同参与到学前教育信息化建设中来。

利用社会力量推进和发展我国学前教育信息化的典型代表有IBM公司和安康家园（又名安康"公益"网络项目）。2001年，IBM公司与我国教育部合作，将"小小探索者"（Kid Smart）项目引入中国，IBM向中国的学前教育机构捐赠了3400多套总价值6800多万人民币的"小小探索者"儿童电脑和配套软件，在全国范围内150多个市、县建立起了600个"小小探索者"儿童电脑中心，直接或间接培训教师超过1万名。"小小探索者"项目以捐赠多媒体儿童学习中心及配套的教学软件为基础，通过为合作幼儿园组织教师培训，促进教师进一步探索幼儿教育教学方法和模式的转变，提高幼儿园教师运用现代教育的能力和水平，以促进教师们专业化水平的提高。

我们应参照各地区的经济水平和地域特点，根据幼儿园的不同等级，分类指导、分步实施、分层推进，逐级展开学前教育信息化建设，改善当前学前教育信息化基础设施建设薄弱、区域性差异显著的现状。比如，在发达地区和城市，在已有的信息化建设基础上，加快构建信息化学习环境，进一步完善幼儿园所的信息化教学和管理服务功能，探索适宜幼儿园的信息技术与课程整合新模式。在经济欠发达地区，有条件的城镇学校可以加大普及和推广互联网、"园园通"，进一步完善信息化基础设施建设和培训。没有条件的地区，要加大传统的信息技术设施配置，如录音机、电视机、摄像机、DVD等。

3. 学前教师队伍建设

近几年来，为了保证教师继续教育的正常开展，我国政府部门和相关机构相继出台了一系列关于教师继续教育的政策法规，如《国家中长期教育改革和发展规划纲要》（2010—2020年）第二部分第八章指出："加快发展继续教育。继续教育是面向学校教育之后所有社会成员的教育活动，特别是成人教育活动，是终身学习体系的重要组成部分。"可见，在职教师的继续教育受到越来越多的关注，国家、省、市、地方、校级各个层次的培训都在展开。目前，学前教师的培训工作虽取得一定的成效，但总体效果却不容乐观，存在不少问题。

（1）学前教师在职培训存在的主要问题通过文献搜集、调查问卷、观察、访谈等方法发现当前学前教师的培训工作在针对性、实效性方面存在较多问题，主要表现如下。

①培训内容缺乏针对性。在培训内容选择上，较少考虑学员的实际需求，社会上流行什么话题，就请人讲什么话题，跟风培训现象严重。如有关"园本课程"的话题，一段时期比较热门，不管是幼教的省级园长高级研修培训还是农村教师培训，不管是骨干教师培训还是新教师入岗培训，都请专家就这个话题做专题讲座，完全忽视学员的经验、体验，很少考虑学员的培训需求。培训机构在培训前没有对学员的整体情况做调查，有时候请进来的专家所讲内容与实际培训的需求相差较远。个别专家一篇稿子到处讲，千篇一律，缺乏针对性。如关于教育教学能力、方法或科研写作等方面的培训，难以解决教师们在课改教学中遇到的困惑和难题。这导致培训内容针对性不强，那些一开始对参加培训充满热情的学员，最后对培训感到麻木，大大挫伤了他们参加培训的积极性，造成培训资源的极大浪费。

②培训内容实用性不够。许多培训机构未能随着幼儿园课程改革的形势及教师实际需要解决的问题、教师层次、类型的变化及时合理地设计调整培训内容，教师通过培训所获得的知识、技能难以解决她们在幼儿园教育教学中遇到的实际问题和困惑。

③培训形式单一，重理论轻实践。目前许多培训机构基本上以专家讲、学员听的"专题"讲座为培训的主要形式，而教师普遍欢迎的参与式讨论、案例式分析、示范课展示与点评则很少用。有些培训机构为了提升培训层次，名人效应严重，虽投入大量的人力、物力和财力，聘请著名的理论专家，但由于培训的理论性太强，专业术语太多，并且从头到尾一言堂，专家缺少与参训学员的沟通互动，学员的主体性、积极性难以到发挥，参训学员"听时激动，回去无法行动"，学员希望通过培训能学到解决实际问题的方法，提高实际操作的能力无法得到满足。

因此，如何注重培训效果，有效提高教师培训质量，使培训实际、实用、实效是摆在培训机构面前的重要课题。

（2）学前教师参加在职培训的心理需求特点

①实践经验性。美国成人教育专家林德曼说过：成人教育不是从课程入手，而是从铸造成人的生活情境和经历入手。每位幼儿园老师本身就是教育者，具有一定的教学经验，特定的思维方式与学习习惯，对同一个问题有不同的见解。学前教师群体本身就是宝贵而丰富的培训资源，这为我们在培训中发挥同伴互助作用提供基础。因此，学前教师职后培训只有按学前教师学习的特点和规律，发挥

教师的优势，才能取得理想的培训效果。

②情境性。从学前教师的工作学习特点来看，他们面临的是教育教学中的实际情境，因此他们希望培训的内容能够根据幼儿园教育教学实践情境进行，从幼儿园中来，再回到幼儿园实践中去。

③问题性。幼儿园在职教师参加培训的直接目的是增强解决教育教学中不断出现的新问题的能力和适应新教学环境的能力。在培训学习过程中，他们常常带着问题来，希望通过培训能够解决教学中存在的困惑、难点、热点问题。因此，培训应针对问题设置课程。

④参与性。参训的学前教师都有一定工作经验，有自己的观点、见解和学习要求，鼓励和吸收他们参与到培训工作中来，包括确立培训需求、选择培训模式和组织培训过程等方面，将有助于这些参训人员的积极参与和提高他们接受培训的主动意识，使他们真正参与到培训中[①]。

（3）做好学前教师在职培训的需求分析

①在职培训需求分析首先要确认差距。确认差距是确定培训需求最重要的部分，就是必须确认培训理想状态（期望值）与现实状态（现有水平）之间的差距，这个差距就是需要我们解决的实际问题，也就是培训需求，它包括三个环节：

a.确定学员的培训期望值

以泉州为例，其幼儿师范高等专科学校2012年承担的国家教育部"国培计划（2012）——幼儿园骨干教师培训项目"参训学员的培训需求分析加以说明。我们从44位幼儿培训教师所需要的专业理念与师德、专业知识、专业能力等三大维度十四个模块的重要程度、实际掌握程度的评定进行分析，通过分析44位参训学员的岗位描述和职责规范可知，他们认为师德修养、专业理念、幼儿发展知识、领域教育知识等是学前教师完成幼儿园工作任务必须具备的，但重要程度有所不同。环境创设与利用、游戏活动的支持与引导、教育计划与实施、一日生活的组织与保育等重要程度最高。其次是评价与反思，表明这些专业知识和专业能力对一个幼儿园教师是最重要的。

b.确定学员的现有水平对参训学员现实中实际存在的专业理念与师德、专业知识、专业能力进行具体分析，通过学员的自我评定完成，体现不同学员的个性化需求。如有的学员对自我评价与反思模块的重要程度评定是满分5分，但目前自己实际掌握的程度是3分，说明他希望通过此次培训提高自己的自我评价与反思能力。

c.确定差距分析学员的培训期望值与现有水平的状况，找到他们在教育教学实践中期望值与现有水平间的差距，并对差距进行分析，为培训计划的制订与实

①刘焱，李志宇，潘月娟，等.不同办园体制幼儿园班级教育环境质量比较［J］.学前教育研究，2008（8）.

施做好准备。

通过上述案例的分析，可以清楚地看到"自我评价与反思""环境创设与利用"等模块的重要程度和实际水平之间的差距是最大的，这些方面就是培训需求的最大部分，为我们制定国培方案、选择合适的培训课程提供必要的信息。

②在职培训需求分析的三个要素。完整的培训需求分析应该从社会需求分析、学前教师工作岗位需求分析、参训人员需求分析等三个层面进行，通过对三个方面的比较和综合，就可以确定培训的内容及培训的重点。

a. 社会需求分析任何一个培训项目都要立足于其立项的社会背景，如国培计划是从国家层面落实全国工作会议和国家中长期教育改革和发展规划纲要启动的一个教育发展重大项目，是进一步加强中小学（幼儿园）教师队伍建设的一项重大举措。因此在具体制订方案时，应体现它的社会价值，要注重发挥学员的示范引领作用，培训一批"种子"教师，推进素质教育和教师培训，促进教师教育改革等。

b. 学前教师工作岗位需求分析对照《幼儿园教师专业标准》，并根据学前教师这个职业的需求，分析现代社会对学前教师这个职业所要求的知识、技能、态度等方面的要求。

c. 参训学员的需求分析即对学员个体培训需求开展的深度分析。如学员知识结构如何，专业能力处于什么水平和阶段，其个体学习特征如何，学员对该培训项目的期望与需求有何共同性与差异性，学员作为培训资源有何特征及如何支持培训等。我们曾对国培班培训前学员的上述情况开展了调查。一是根据学员专业素质特征进行角色划分，了解其身份特点。44位学员中，有3位园长，有7位业务园长，其余34位为骨干教师。二是根据学员的专业发展水平进行学习者类型划分。大部分学员处于"第二生长期"，也称为超越性成长。她们均是正规幼师毕业，专业对口，有比较扎实的专业功底和丰富的教学经验，积累了较多的教学和科研成果，已能较好地胜任自己当前的岗位，且在当地有一定的影响力，有一定的优越感，是从骨干教师到卓越型跨越的阶段。虽然大部分学员处于"第二生长期"，有一些共性化的特征，但由于学员们不同的个性特点、工作环境、生活经历及社会影响等诸多因素决定了她们每个人的培训需求是不一样的①。

（4）学前教师在职培训需求分析的主要方法

①问卷调查法。

在学前教师培训方案制定之前，就着手设计调查问卷，并对参训学员进行全面的调查后进行需求分析是最常用的一种收集信息的方法。

问卷调查法简便易行、快捷经济，不受时间、地点、人物的限制，可以帮助

---

①庞丽娟，范明丽. 当前我国学前教育管理体制面临的主要问题与挑战［J］. 教育发展研究，2012（4）.

培训机构获取参训学员的一些主要需求。例如，某校举办的国培班，在进行培训需求分析过程中（5—8月份），依据幼儿园骨干教师的成长规律设计了《"国培计划（2012）"——幼儿园骨干教师培训需求调查问卷》，并请专家协助指导，确保问卷有较高的信度和效度。然后，对回收的有效问卷进行统计分析，了解学员的整体需求和个性需求。通过对回收的有效问卷的分析发现，学员们普遍反映，她们对幼儿园园本课程的设计与实践、环境的创设与利用、评价与反思等专题比较模糊，希望通过此次培训获得有关专题的知识和能力。同时学员们还反映，希望了解幼儿园教育教学中的热点和难点问题的解决策略，等等。针对学员们的需求，该校在培训内容上加强园本课程的设计与实践、环境的创设与利用、评价与反思等专题的培训，并增加园本课程方面的观摩等学习内容，同时增设班级交流会、圆桌论坛等活动，让授课教师与学员、学员与学员间近距离地交流研讨，在面对面的碰撞中梳理出当前幼儿园教育教学中的难点、热点问题[①]。但如果单一地利用问卷调查进行需求调查与分析，难于获取教师的隐性需求，也难于实现对教师动态发展性需求的追踪，因此问卷调查法只能作为学前教师培训需求确定时的参考。

②召开座谈会。召开座谈会是培训需求调查的一种常用的方法，它也简便易行、操作方便。在培训开始阶段，可以利用晚上的时间，组织学员与培训管理团队的主要管理者、培训者团队的部分专家在一起座谈，通过面对面的交谈、提问，了解分析各位学员当前真正需要的培训内容。例如：某校在"国培计划（2012）"——幼儿园骨干教师培训进行的第二天晚上召开了学员座谈会，学员们提出了主要问题有：能否减少理论课程的学习，让全国各地的学员多提供些幼儿园一线案例进行讨论交流，多学些，好经验和组织活动的技巧方法，解决些实际教学活动中的难题等。经过分析后发现，这次参加培训的是来自全国江苏、广东、广西、山东、湖南、江西、浙江等8个省份的44位幼儿园一线骨干教师。她们理论功底相对较好，对幼儿园课程设计与实施有一定的经验，但课程诊断和决策能力还不足；课程设计能力较强，但创新性还不足；有教学专长和实践经验，但现象提炼和理论构建能力还不足。所以，他们亟须提升实践经验和理论水平。我们在了解到学员们的培训需求后，及时调整培训方案，并及时与授课专家沟通，对一些专题的讲授内容进行调整，侧重于典型案例分析讲解。培训结束后的评估问卷调查结果表明，案例解剖使学员们开阔视野，积累经验，取得较好的培训效果。

③个别访谈法。个别访谈法是一种在时间、空间上都比较灵活的在职培训需求调查法。

例如，我们用个别访谈的方法分别对参加国培的44个学员通过QQ群、短信、邮件、电话等多种形式，开展培训需求的调研活动，广泛征集他们的问题，自下而上地设计符合他们个性化需求的培训方案，为每个学员量身定制不同成长的方

---

①庞丽娟. 加快学前教育的发展与普及［J］. 教育研究，2009（5）.

案，树立按需施教的理念。

二、学前教育专业人才培养的活动

培养职业岗位所需要的专业技能人才，是发展学前教育，提高学前教育教学质量的关键，也是当前教育改革领域的一项重要工作。这里以职业导向为指引，以职业岗位标准为依据，从学前教育专业人才培养的目标定位、指导思想的角度，探索学前教育专业一体化、模块化教学设计方案及实践教学环节内容，突出学前教育专业人才培养的职业导向性。

1. 学前教育专业人才培养目标的定位

学前教育教师实施教育的个体（儿童）的特殊性，使其专业人才培养体现出以下特点。

（1）幼儿教育的基础性决定了学前教育人才培养的生动活泼性。我国《幼儿园教育指导纲要（试行）》指出："幼儿园教育是基础教育的重要组成部分，是我国学校教育和终身教育的奠基阶段。"这一规定表明了学前教育的重要性。美国一个教育研究基金会的研究结果显示，接受了学前教育的儿童与没受过学前教育的同类人相比，有三个明显的差别：一是明显提高了学习成绩，学业完成率高，特殊教育需求少；二是明显提高了社会稳定性和社会责任感，成婚率高，就业率高，占有资产率高，犯罪率低；三是明显减轻了纳税人负担。由此可见，学前教育对人的一生的发展，对经济社会的发展，具有十分重要的积极作用。认识到这一点，在进行学前教育专业规划时，必须从幼儿发展的基础性需要出发，以人为本，以幼儿需要为教学中心，把促进人的基础性发展作为进行专业规划的一个重要的方向和依据。幼儿阶段的学生，其形象思维活跃，在好奇心的驱动下，进行对世界的探究活动，在行为上更多表现为模仿和游戏，从而建构起自己对世界的理解和认识。这就决定了一个合格的学前教育专业人才，必须是主动、积极的教育者，同时又是活泼的、善于进行人际交流的、个性开朗的引导者。试想，当一群叽叽喳喳的幼儿成天面对着一个沉默寡言的教师时，或是当家长把初入园的幼儿交给一个不善于与人沟通的教师时，教育是无法有效开展并取得实效的。因此，学前教育所需要的教师应该是生动、活泼的，可以给儿童带来亲情般感受的老师，应该是引导他们开心地进行游戏活动的玩伴，应该是能成为他们养成良好生活习惯的榜样，是做人基本准则的被模仿者，只有这样的人才，才能满足学前儿童基础性发展的需要。

（2）促进幼儿全面发展的教育目的决定了学前教育人才培养的全面发展性

学前教育是终身教育的起始阶段，需要实施素质教育，促进幼儿的全面发展。学前教育的基础地位和促进幼儿全面发展的教育目的，决定了学前教育专业人才培养的目标定位，其实质是实施素质教育。素质教育是促进每一个学生都在不同程度上得到发展，是因材施教与全面发展的统一；素质教育促进学生个性的全面发展，为每一个学生潜能的开发提供机会，使学生在自己原有的基础上得到发展；素质教育也是培养学生创新精神和创新能力的教育，强调的是学生"发现"知识的过程，注重培养学生形成探究的精神和寻找解决问题的方法。在学前教育阶段，教学的主要任务是培养幼儿养成良好的生活习惯，形成初步正确的道德认知和美的认知，培养幼儿积极的情绪，培养幼儿对世界进行探索的能力和兴趣，培养幼儿锻炼身体，这些教学目标的实现对于幼儿智力的开发和良好个性的形成，尤其是对人的一生的充分发展，将会起到重要的奠定作用。对于承担这一教学任务的教师，首先需要树立素质教育的理念，加深理解并能运用于教学实践中；其次，要具有运用各种教学手段开展各类游戏活动，探索开展素质教育活动途径的职业能力，从而促进幼儿的全面发展。因此，为了开展素质教育，学前教育专业培养的人才应该是适应我国社会主义现代化建设需要的德、智、体、美等全面发展，掌握学前教育基本理论与基础知识，并具有学前教育基本技能，具有创新精神和较强实践能力的应用型专门人才。

（3）学前教育的社会需求性决定了学前教育人才培养的职业导向性学前教育是直接面向幼儿所实施的基础性教育，"九五"期间我国基本解决了大中城市幼儿入园难的问题，从"十五"开始学前教育发展的重点转向了农村，但农村学前教师缺乏或专业水平低、教学设施不够等成为制约学前教育发展的因素。即便是在城市，保教结合实施幼儿教育的目标要求也未完全落实到位。有的学前教师是小学教师转过来，掌握教学的基本知识和教学技能，但不掌握幼儿的心理活动特点；有的学前教师只会教书，对保育工作一无所知，甚至不屑于幼儿的日常生活；有的学前教师缺乏职业道德，甚至因为幼儿不良生活习惯而嫌弃幼儿等。种种现象迫使大家思考，培养什么样的学前教育学生以适应当前我国学前教育事业的发展需要，实际生活中的学前教师的规格是什么样的。

学前教育专业人才应该根据人力资源市场的人才需求规格进行设计，以职业导向为指引，同时以学前教育教师的职业标准、保育员职业标准为依据进行专业规划，培养学前教育职业岗位上的"双师型"教师，即同时具有开展幼儿教学活动和保育工作的能力，能直接上岗开展学前儿童教育的"双师型"人才。以职业导向为指引的学前教育人才培养目标具体为：学前教育专业培养适应我国社会主义现代化建设需要的德、智、体、美、劳等全面发展，掌握学前教育基本理论与基础知识，并具有学前教育基本技能，具有创新精神和较强实践能力的应用型高等专门人才。其适合的职业岗位是：托幼机构从事幼儿保育、教育和研究工作的岗位、学前教育管理人员，以及其他相关机构的幼教工作者岗位。

2. 学前教育专业人才培养方案的指导思想

学前教育专业的人才培养，要贯彻《中华人民共和国教育法》《幼儿园教育指导纲要（试行）》《幼儿园管理条例》（1989年颁布）和《幼儿园工作规程》（1989年国家教委颁布）的主要精神，同时，《面向21世纪教育振兴行动计划》《中共中央国务院关于深化教育改革全面推进素质教育的决定》《国务院关于基础教育改革与发展的决定》中明确的幼儿教育发展目标、发展方针和管理体制，这些都成为进行学前教育专业教学方案设计必须遵循的指导思想。在对传统的学前教育专业课程设置进行教学设计时，落实其指导思想具体体现为以下几方面。

（1）强调以人为本，以幼儿的需要为出发点，以人的持续发展为主要指引

学生是学习的主体，教育活动的开展要紧紧围绕学生的身心特点而设计，这是学前教育专业人才培养必须遵循的一个指导思想。这就要求学前教育专业人才必须掌握幼儿教育心理学、幼儿教育学等基础性学科知识，认识幼儿心理活动特点、学习心理特点；在各种教学活动设计中，要时刻关心每个幼儿的感受，学会从幼儿的角度来看待事物，遵循幼儿认知发展规律设计教学，并从幼儿世界中感知他们的需要，这样的教学才符合幼儿身心发展的需要。因此，在进行学前教育专业人才培养规划时，一个重要思想就是学前教育教师必须树立幼儿是持续发展的、主体不断自我建构过程的观念，以人的持续发展作为指引，才能真正促进幼儿潜能的开发。为达到这一目标，除专业基础课程及专业技能课外，必须设置拓展性课程，促进其形成持续性发展的理念，以利于今后在幼儿教育中实施素质教育，体现教学促进学习者持续发展的教育目的。

（2）学前教育培养的人才要树立现代教育观和科学的儿童观树立幼儿是持续发展的、主体不断自我建构过程的观念，把幼儿看作是一个独立的个体，学会尊重幼儿的感受，尊重幼儿的选择，从而建立平等、民主、和谐的师生观。在教学活动中，教师是学生学习活动的支持者、引导者和帮助者；在游戏活动中，要尊重幼儿，要时刻关心每个幼儿的感受，在实现全面发展的教学目标的前提下，允许幼儿根据自己的兴趣、爱好和特长在各类游戏活动中有所偏向；在幼儿园日常生活中，要培养幼儿具有基本的独立自理的能力。

把幼儿看作是一个独立的个体，尊重幼儿的人格和权利，这是社会主义法治社会对学前教育教师提出的新要求。我国正在建设有中国特色的社会主义法治社会，法治意识的培养依靠的是全体公民基本素养的建设，这当然也包括对幼儿人格权和基本权利的尊重。为了确实体现对这一权利的保护，学前教育专业的学生必须加强法律基础知识尤其是公民基本权利与义务知识的学习，学会尊重幼儿、热爱幼儿。

（3）学前教育培养的人才尤其要重视人际沟通能力的培养一项"幼小衔接"研究表明，孩子进入小学后影响学业成绩的第一位因素不是知识准备的问题，而是儿童社会性的成熟程度，其中最重要的一项是儿童是否处于一种积极主动的状态。《幼儿园教育指导纲要（试行）》也指出："幼儿园要创设与教育发展相适应的良好环境。"这里的"环境"条件不仅包括提供幼儿认知发展的操作材料等条件，更重要的是人际关系的环境。因此，具备较强的人际沟通能力素质也应该成为学前教育专业人才培养的一个重要目标。强调幼儿与教师之间的相互交往、幼

儿与幼儿之间的相互交往，有利于培养幼儿的良好个性和主动投入学习活动的积极性。这不仅要求学前教师自身要具有良好的个性和健康的身心，还要求具有一定的人际沟通能力，才能真正扮演好成人与幼儿、与自己的成功沟通，担负起幼儿与幼儿之间、幼儿与家长之间以及幼儿与其他人群之间沟通的促进者角色。

3. 以职业为导向的学前教育专业模块化教学方案设计 S.拉塞克认为，教育内容是"指一整套以教学计划的具体形式存在的知识、技能、价值观念和行为。它们是根据各种社会为学校规定的目的而设计的"，学前教育专业的教学方案不仅要体现幼儿教育内容的基础性、启蒙性、全面性的特点，还要促进学前教育专业学生自身的全面发展，以及与职业岗位相匹配。按照我国《幼儿园教育指导纲要（试行）》中的规定，幼儿教育内容主要分为健康、语言、社会、科学、艺术等五个领域，各领域的内容相互渗透，共同促进幼儿情感、态度、能力、知识、技能等方面的发展。因此，在以幼儿为本、树立大教育观的背景下，在重新审视原有的学前教育专业教学计划的基础上进行教学方案的设计，必须体现前面所提到的当前学前教育专业人才培养的指导思想和特点。

（1）在课程设置上，规划设计模块化的教学方案。以职业标准为依据，培养学生职业核心能力，突出实践技能的培养，根据工作任务、工作过程设计满足行业岗位需要的课程体系和内容，以职业为导向，以职业标准为主要内容进行学前教育专业课程的设计，具体体现在专业教学计划中，主要分为以下几大模块。

①公共必修模块主要开设思想政治课程（思想品德修养与法律基础、教师职业道德等）、语文、数学、英语、计算机应用基础课程等，主要是根据同学历层次培养的适应社会发展需要的最基本的人才规格而设置。

②专业必修模块主要开设学前儿童心理学、学前教育学、幼儿园课程论、学前儿童语言教育、学前儿童科学教育、学前儿童健康教育、学前儿童社会教育、学前儿童艺术教育（美术）、学前儿童艺术教育（音乐），培养职业核心技能。

③科学人文素质模块主要开设自然科学基础、人文社会科学基础、公民权利与义务、职业生涯规划、社交礼仪、艺术欣赏等课程。这类课程是为实施素质教育，促进学生全面发展奠定基础的课程，也是拓展性基础课程的教学模块。

④专业选修模块主要开设学前游戏理论与指导、儿童文学、幼儿园手工、学前教师口语、幼儿体操、学前儿童家庭教育、幼儿英语教学法、学前教育管理学、学前教育政策与法规、学前教育科研方法、生活方式与常见疾病预防等课程，由各教学班根据当地学前教育人才培养的需要，以及学生根据个性发展的需要视具体情况有针对性地开设。这部分课程的设置主要体现专业拓展性，如幼儿活动的研究、现代教育技术应用于幼儿教育活动中的能力培养。

⑤职业资格证书模块安排有普通话证书、学前教师职业资格证书以及保育员职业资格证书考核的课程内容，可以在相应的课程中进行或集中进行培训，主要进行实际工作环境的实践操作，并参加国家职业资格证书考试。

⑥实践教学环节模块。

（2）突出职业能力培养的实践教学模块以往教学计划主要安排的实践教学集中一次性地体现为毕业实习，为了突出当前学前教育专业人才培养的职业性和实用性，以职业为导向的实践教学模块可以设计为课程实践内容以及集中性实践内容两个部分，教学中必须突出这一模块的教学安排及检查指导，才能保证职业导向式的专业人才培养的质量和实效性。

①课程实践内容主要随课程同时进行，在同一学期完成理论知识内容的学习时，必须完成相应规定的实践教学内容的操作，以列表的形式将各专业主干课程的实践内容列入教学计划实践教学分解表中。

②集中性实践内容具体设计为：

a. 参观幼儿园安排在第一学期进行，主要让学生对将来从事的幼儿教育工作有一个感性认知，培养学生的职业意识，建立职业认同感。主要是请幼儿园的领导或教师等全面介绍幼儿园教育及管理的情况，让学生了解幼儿教学的内容、特点、过程、目的等，为进一步学习和将来从事幼儿教育打下基础，培养对幼儿教育的兴趣和对幼儿事业的热爱。

b. 开展教育调查活动可以利用假期进行，调查内容为当地幼儿教育的发展概况及现状，认识存在的问题，探讨学前教育与当地经济、文化发展的关系及解决的措施等，并完成书面调查报告，与同学共同开展一次专题讨论会。

c. 教育见习在每个学习期间至少安排一次，见习内容主要是了解并实际操作幼儿园教学的组织及保育工作，学生需体验学前教师、保育员等不同角色，从备课、听课、评课、家校合作活动等全方位进行见习。

d. 保育员技能操作这一实践活动可集中安排在完成保育员证书考核课程的学习后进行，也可安排在每一次的教育见习活动中。学生需要参加保育员职业技能培训，并报考职业资格证书，有条件的教学班可以将操作场所设在幼儿园进行，也可以自己建设保育员技能操作模拟教室进行。

e. 学前教师五项基本功这是按教育行政部门规定的内容进行培训，并参加当地教育行政部门组织的考核，要求学生获得合格证书，表明学生具有基本的开展学前教育教学技能。

f. 毕业实习与毕业作业。毕业实习是全面检验学习成果的重要环节，是学生走上工作岗位前的一次理论联系实际的综合性实作训练。实习内容不仅包括幼儿教育教学工作、保育工作，还包括班级管理工作，如学习制定教育工作计划（包括周计划和日计划等），尝试独立进行班务管理，协助记载幼儿成长档案等，还要参与负责与家长联系等各项工作。针对毕业作业，需要突破以往以论文较单一形式评价的局限，开展进行注重过程的形成性评价方式，可以多样化，除论文形式外，以实习工作记录为主的档案袋考评、教学游戏活动设计方案、个案教学活动探讨、实习活动小组展演等形式都应该进行探索。

以上教学方案设计，将在教育、成人教育全脱产学习的学前教育专业教学活动中进行实践探索，以改革传统教育中重视理论学习而与实际职业岗位需要脱节的教学设计，以强化学前教育专业学生的实践运用能力，体现职业核心能力，从而增强就业竞争力和职业适应性。

三、学前教育专业人才培养的效果

近年来，我国教师教育格局发生了重大变化——许多原来的幼儿师范学校纷纷并入高等师范院校或升级成为专科层次各类教育学院，从而建立多层次、多形式、多元开放、立体交叉的幼教师资培养目标，培养应用型幼教专门人才，体现学前教育的专业特色和专业品位。现有的初中起点的五年制学前教育专业大专班（师专）即是这样一种定位，为国家培养既有较高的教育专业理论素养又具有专业教学技能的专业化的学前教师，既保持中专层次培养强调技能技巧的优势，又要加强幼儿心理与教育研究的教育专业素养，具有教育、教学的可持续发展能力；提高其综合能力和开展教育活动的能力，也更能适应今天教育的要求。

1. 学前教育专业人才的综合素质

（1）教师素质的定义和结构

①教师素质的定义林崇德等人曾将教师素质界定为教师在教学活动中表现出来的、决定其教育教学效果、对学生身心发展有直接而显著影响的心理品质的总和。

②教师素质的结构美国学者舒曼认为，教师素质结构包括以下范畴：一般通识教育、专门科目知识、教学原则、教学方式与课程内容、了解学生之差异、教材内容、思想、表达与沟通技巧、教育背景及基础知识等八个方面。林崇德认为教师素质至少包括：教师的职业理想、教师的知识水平、教育观念、教师的教学监控能力，以及教师的教学行为与策略。朱仁宝认为，教师素质结构主要由思想道德素质、业务素质、心理素质、审美素质等方面组成。

随着我国幼儿教育事业的发展，对学前教师的关注也越来越多，其中关于学前教师素质结构的研究逐渐丰富。卢育玲（1999）认为，现代学前教师的素质主要包括生理素质、心理素质、科学文化素质、专业素质和思想素质五大方面。内地学者张博（2003）在谈及心目中理想的幼师时，提出了以下几个基本条件：持有先进的教育理念和较高的教育能力，掌握先进的教育手段和技术，高水平的活动设计能力，与幼儿进行高水平互动的能力，与家长沟通的能力，对环境的设计和使用能力以及对问题和幼儿进行研究的能力。李辉（2004）提出了学前教师素质结构的内涵：普通素质、专业素质、专业态度、人格特质。黄烈（2008）为了评量新时期幼儿园教师素质结构，自制了《幼儿园基本素质结构调查表》，其中主要包含：政治思想素质（含职业道德认同）、文化素质、教学技能素质、教育理论素养、身体素质以及心理素质等六个维度。

（2）现代学前教师综合素质现代学前教师的综合素质应包括职业道德素质、心理素质、科学文化素质、业务素质四个方面。

①职业道德素质

优秀的职业道德是实施幼儿素质教育的根本保证。它从道义上规定了教师在教育劳动过程中应该以什么样的思想、情感、态度、行为去做好本职工作，为社会承担义务。目前依旧有很多学前教师并未认识到自身角色的重要性，抱着拿工资混日子的心态。他们对幼儿不负责，对幼教事业不负责，更是对自己不负责。因此，作为一名现代优秀学前教师必须首先认识到这份工作的光荣与艰辛，只有对此有深刻而正确的认识才能做到要尊重、热爱并忠于教育事业；同时，幼教工作学前教师还必须学会尊重、爱护幼儿。一方面，幼儿年龄小，还未形成生活自理能力，不仅需要教师给予细心地照料和保护，而且还需要教师特别的爱。而另一方面，幼儿也有着自身独立的人格，有着自己的要求和需要，教师应该尊重和满足他们不断增长的独立要求。教师只有尊重和爱护儿童，才能让孩子们健康成长，才能把儿童培养成一个积极乐观、乐于助人、团结合作、热爱生活，进而热爱人民、热爱祖国的人。

②心理素质

进入21世纪，心理健康已经成为一个引人关注的社会问题。《纲要》特别指出在重视幼儿身体健康的同时，要高度重视幼儿的心理健康。幼儿时期是人格形成时期，此时期形成的人格特征对一生的影响都很大。而要培养幼儿的健全人格，首先则要求学前教师有健全的人格。正如俄国大教育家乌申斯基所说的，"在教育中，一切都基于教师的人格，因为教育力量只有从活的人格源泉中产生出来，只有人格才能影响人格的形成和发展，只有性格才能形成性格"。一般而言，幼儿更喜欢性格开朗、活泼、热情、有朝气、性情温和、待人真诚、和蔼可亲、耐心、有幽默感的老师。杨翠（2010）通过班级观察及访谈发现，幼儿好老师有着健全的人格特征，主要表现为：性格活泼开朗；意志坚韧不拔；情绪积极稳定。因此，教师要在教育中积极影响幼儿，赢得幼儿尊敬和喜爱，具备健全的人格特征是保证。

③科学文化素质

与一般教师职业不同的是，学前教师不是某一学科的教师，而是担负着幼儿全面教育工作，教育内容是全面的、启蒙性的，包括健康、语言、社会、科学、艺术等五个领域。因此具有多元合理的知识结构是必不可少的。学前教师需要对各门各类的科学文化知识都要有一定诸备，知识面可不深但一定要广，以够用为度。这样才能具有对幼儿的提问有问必答的能力。这就需要学前教师加速学习、终身学习不断地总结和积累教育活动中的经验和广泛吸纳别人的经验。另外，幼师必须对专业知识体系和教学技艺及现代幼儿教育理论透彻把握，特别是现代幼儿教育新观念和幼儿身心发展的规律，从而形成正确的教学观、儿童观以进一步指导教育目标、教育内容和教育策略。

④业务素质业务素质指教师要具备多元能力结构，主要包括以下四个方面。

a. 观察了解和评估幼儿的能力

优秀幼儿老师应具备较强的观察、了解幼儿的能力，表现为可以从幼儿的眼神、表情、动作、姿态、语言等了解幼儿的需要、情绪及个性心理特征等。每个幼儿都是独特的，只有了解了每个儿童的发展状况和需要，并做出合理评估，才能使教育、教学工作有的放矢，也才能确保每个个体富有个性的发展。

b. 艺体教学能力及组织各种艺体活动的能力

幼儿的发展主要是在活动中进行的，但由于他们缺乏知识和经验，许多实践和活动需要教师的指导和帮助，因此教师的教学能力和活动组织能力就显得十分重要。针对幼儿阶段的教学内容，主要包括对音乐、舞蹈、美术、体育、游戏等的教学和组织、编排能力。教师在实施教学和活动的开展中要充分考虑幼儿的学习特点和认识规律，各领域的内容要有机联系，相互渗透，注重综合性、趣味性、活动性，寓教育于生活、游戏之中，根据需要合理安排，因时、因地、因内容、因材料灵活地运用。

c. 交往合作能力

交往合作能力主要是指教师与学生家长以及幼儿园内同事之间要互相配合、合作。幼儿的全面发展是幼儿园和家庭的共同职责。学前教师应善于与家长建立平等和相互信任的关系，从而全面掌握幼儿各方面表现，取得最佳教育效果。另外，要成为一名具有良好综合素质的学前教师，必须首先学会与同事交往和合作。幼儿园教师是一个团体，只有团体内的成员互助互爱、友好相处，每个个体才能以更加积极和主动的心态投入到教育事业中。

d. 反思、研究和创新能力。反思能力、研究能力和创新能力是随着幼儿素质教育的推广而对幼师提出的更高要求。

D1. 反思能力是幼师自我成长的基础。美国心理学家波斯纳提出了教师成长的公式：成长=经验+反思。英国学者科瑟根提出ALACT教师反思模式，主要包括五个部分：第一，行动（Action）；第二，回顾行动（Look back on the action）；第三，意识到主要的问题所在（Awareness of essential aspects）；第四，创造别种行动方案；第五，尝试（Trial）。

D2. 创新教育是素质教育的核心。幼儿创新教育呼唤创新型的学前教师，创新人才的培养依靠创新教育，而幼儿教育阶段的创新教育更具基础性。学前教师必须从根本上提高创新意识、培养创新精神并提高创新能力。然而，要成就大批有创造精神的教师，必须要使其具备较高的教育科研能力。"成功的教师应该是研究型的教师"，这一观点已成为教育界的共识。做好研究是有效提高幼儿素质教育质量的途径。教育工作永远充满着未知的因素，永远需要教育者进行研究。因此，学前教师的教育研究以解决教育中的实际问题为主，研究的步骤主要是：学习教育理论；运用教育理论对自己的教育实践进行诊断，发现问题；制定解决问题的方案；实施方案直到问题解决。

2. 学前教育专业人才的知识和能力

（1）学前教育专业大专生应具备的专业素质　学前教育是一个综合性、实用性很强的教育事业。从事幼儿学前教育的教师相对来说也具有一定的特殊性。

①由于学前教育的对象是学龄前儿童，处于教育的启蒙阶段，对于学前教师来说，"如何教"比"教什么"更重要。

a. 他们要有较强的教育教学技能，教育计划设计新颖、恰当，能将教育计划有效地转化为教育实践，教学效率高、适用。

b. 具有观察、了解、分析、评价幼儿的能力，能及时发现幼儿的行为和现象的变化，采取有效措施加强和改善幼儿的生长发展。

c. 能及时准确进行个别教育，有因材施教的能力。

d. 有较强的随机应变的能力，能及时捕获教育契机进行恰当的教育，善于处理教育教学中的各种突发事件，能创设和设计最佳教育情境。

e. 有利用时间、空间、材料进行教育的能力，能创设良好的精神环境，能提供、布置适合幼儿发展需要的物质环境，能利用环境资源对幼儿进行适当的教育。

f. 他们的语言能力要突出，口语表达规范、清晰、准确，说普通话，指导幼儿的语言简练、恰当，有较强的写作能力，善于运用语言进行交往。

g. 有较强的组织管理能力，班级管理井然有序；能为幼儿建立良好的生活常规和习惯；班级环境适合不同幼儿发展。

②学前教育对教师的职业技能中的弹、说、舞、唱、画等艺术教育能力有较高的要求。他们应具备相应的、好的教学基本功，并在某方面有特长，为艺术教学铺路。

③学前教师要在日常生活中引导孩子接触客观世界和各种现象，这几乎涉及各类学科的基本现象和常识，因此学前教育要求教师要具备广泛的学科知识，能胜任多学科的教育活动。他们要有较强的学习能力和教科研能力。对学习要有深厚的兴趣，能积极主动地自我学习和提高。乐于掌握新的学习、研究方法，善于学习积累教育教学理论。能及时广泛地吸收、借鉴、运用最新的教科研信息和成果在教育实践上。善于不断总结、提炼、反思自己的教育教学实践，形成自己的教育教学特色。能积极开展、参与教科研活动，独立进行课题研究，至少在某些方面有初步的研究成果。有努力从知识型向科研型、专家型转变的自主意识。

④就其教育方法而言，由于教育对象的特殊性和幼稚性，需要教育者采用符合幼儿身心发展特点的独特方法，将广博的知识，创造性地融合到孩子所喜欢的活动中去，在活动中引导他们去观察、感受、操作、体验，进而形成一定概念和经验。另外，学前教育还要求教育者要善于激发、培养和保护学前儿童正在萌发的对自然、对社会、对科学、对艺术的兴趣和爱好，并注重儿童不同个性的培养。

因此，与其他师范专业相比学前教育专业的教育又有自身的特殊性，对师范性的要求更高。

（2）学前教育专业的教师如何培养学生的专业素质

21世纪是国际化、信息化、高科技和教育现代化的时代，学前专业大专班培养的学生必须适应这一时代特点的需求，具备基础理论扎实、知识面宽、能力强、素质高的特点。因此，学前教育专业的教师要做到如下几点：

①帮助学生树立远大的专业理想，为其发展提供动力。教师的专业理想是教师在对教育工作感受和理解的基础上形成的关于教育本质、目的、价值和生活的理想和信念。如"科教兴国"的理想、"一切为了儿童，为了一切儿童，为了儿童的一切"的信念、"教师是人类灵魂的工程师""教师是太阳底下最光辉的职业"的信仰等。它是教师在教育教学中的世界观和方法论，是教师专业行为的理性支点和专业自我的精神内核，是推动学前教师专业发展的巨大动力。具有专业理想的学前教师对幼教工作会产生强烈的认同感和投入感，愿意献身幼教事业；具有专业理想的学前教师对幼教工作会提出强烈的承诺，他们致力于改善自身教育素质以满足社会的期望，努力提高自身的专业才能及专业服务水准，努力维护专业的荣誉、团结、形象等。因此，某种程度上说，专业理想也是学前教师德行和人格素质的体现。

②帮助学生系统地学习专业知识，为其发展夯实基础。教师的专业知识是教师职业区别于其他职业的理论体系与经验系统，它是教师专业发展的前提和基础。无疑，学前教师要从一个专业新手成长为一个专家型教师或教育家型教师，必须在其专业知识的各个方面不断拓展。一是量的拓展，即教师要不断地更新知识，补充知识，扩大自己的知识范围。二是质的深化，即从知识的理解、掌握到知识的批判，再到知识的创新。知识的质的深化体现了教师职业的学术性，教师能不能说"自己的话"，能不能在自己教育教学领域有发言权，是衡量其专业化程度的标志之一。三是结构的优化，以广泛的文化基础知识为背景，以幼儿园课程与教学知识为主干，以相关学科知识为必要补充，以丰富的教育科学知识和心理科学知识为基本知识边界的复合性的主体知识结构，是专业性学前教师追求的目标。当然，知识结构的优化过程还包括教师个体独到的感悟、体验和经验总结。

③帮助学生不断增强专业能力，为其发展找到支撑。教师的专业能力就是教师的教育教学能力，它是教师综合素质的最突出的外在表现，也是评价教师专业性的核心因素。一般来说，学前教师的专业能力应包括以下几个方面：

a.设计教学的能力。即教师在综合考虑教材、儿童、教学时间、教学手段等因素的基础上，对教学目的、内容、程序、方法等进行整体构思的能力；

b.表达能力。包括语言表达、板书板画、运用多种教学手段演示等能力；

c.教育教学组织管理能力。如班级管理能力、日常生活的组织管理能力、学习活动的组织管理能力等；

d. 教育教学交往能力。如师幼互动能力、家园沟通能力、协调同事关系能力等；

e. 教育教学机智。即灵活处理教育教学过程中预设与生成的关系的能力；

f. 反思能力。即对自己的教育教学状况正确评价和反省的能力；

g. 教育教学研究能力。即对儿童、对教育教学实践和理论进行探索，发现问题，并试图解决问题的能力；

h. 创新能力。如创新教学思想、教学内容、教学方法、教学模式等的能力。

④帮助学生完善专业"自我"意识，为其可持续发展保驾护航。教师专业自我的形成过程是在教师与外界环境的相互作用过程中，教育教学素质不断提高的过程，是教师职业生活个性化的过程，也是良好教师形象形成的过程。探讨学前教师专业自我的意义在于，作为儿童发展过程中的"重要他人"，每一个学前教师都应该是独特的而不是千篇一律的，否则，"促进儿童个性潜能充分自由的发展"就是一句空话。A. W. Combs 早在20世纪60年代就指出，一个好的教师首先是一个人，是一个有独特的人格的人，是一个知道运用"自我"作为有效的工具进行教学的人。专业"自我"的学前教师，倾向于以积极的方式看待自己，能够准确地、现实地领悟他们自己和所处的世界，对他人有深切的认同感，具有自我满足感、自我信赖感、自我价值感。学前教师的专业自我一旦形成，就具有别人无法替代的个人独特性，将对儿童产生深刻而持久甚至一生的影响，从这个角度说，专业自我的形成是学前教师专业发展的最高境界。

学前教育专业培养的是适应当代社会发展需要的学前教师，它区别于普通的幼儿教育专业，是集文化素质、艺术技能和教育技能融为一体的综合类教育专业。学前教育是处于高校学前教育和中等幼儿教育的中间层次，其教学模式还处于新的尝试期，有待进一步的完善和成熟。

第三章　学前教育专业人才培养模式的改革依据

人才培养模式主要是规定和规范"培养什么样的人和怎样培养人的问题"。我校作为培养学前教育教师的中等职业技术专业学校，探索并构建以理论与实际相结合为切入点的人才培养模式，培养适应社会发展和学前教育发展需要的学前教师是办学的关键。将学前教师教育纳入高等职业教育体系，是当代教师专业化发展的必然选择，遵循高专教育理念，顺应教师教育发展的要求，建立高校幼师人才培养规格和模式，适应国情与校情，适应教师教育中职改革与发展，满足地方经济、社会、教育发展需求的高校层次学前教师教育人才培养模式势在必行。

第一节　学前教育专业人才培养模式改革的必要性、存在问题及现状

一、学前教育对人一生的发展至关重要

美国心理学家布鲁姆在《人类特性的稳定与变化》一书中，提出了著名的假设：若以17岁时人的智力发展水平为100，则4岁就已具备50%，8岁时达到80%，剩下的20%是从8～17岁的9年中获得的。从脑科学的层面看，婴儿出生时脑重为成人脑重的25%，1岁时达到成人脑重的50%，2岁时为75%，6岁时孩子的脑重为12008，已接近成人脑重（1350～14008）的90%，因此，学前教育阶段是人身体、智力与经验发展最重要、最关键的时期。

1. 学前教育对于人的认知发展的重要性

学前期是人的认知发展最为迅速、最重要的时期，在人一生认识能力的发展中具有十分重要的奠基性作用。在关键期内，个体对于某些知识经验的学习或行为的形成比较容易，如果错过这一时期，在较晚的阶段上再来弥补则是很困难的，有时甚至是不可能的。

处于学前期的儿童虽然发展变化迅速，具有巨大的学习潜力，这种发展特点

只是说明了婴幼儿具有很大的发展"可能性"。要将这种发展的可能性变为现实性，需要成人提供适宜于儿童发展的良好环境，尤其是良好的教育影响。已有研究证明，早期教育对于儿童的认知发展具有重要影响。单调、贫乏的环境刺激和适宜的学前教育的缺乏，会造成儿童的认知方面的落后，而为儿童提供丰富的感性经验并给以积极的引导、帮助和教育则能够促进其认知的发展。另一方面，学前教育的质量还直接关系到儿童能否形成正确的学习态度、良好的学习习惯和强烈的学习动机，从而对个体的认知发展和终身学习产生重大影响。适宜的、遵循儿童身心发展规律的学前教育能够积极地促进儿童各种智力和非智力因素，包括语言能力、思维里、想象力、创造性、学习动机、求知欲、自我效能感等的发展，而不适宜的学前教育如单纯对儿童进行机械的学业知识和技能的训练，不但会损害儿童的学习兴趣、学习积极性和内在的学习动机，降低其自我效能感，而且会使儿童逐渐丧失独立思考的能力和创新精神，从而对儿童的认知发展产生长远的消极影响。

2. 学前教育对于教育事业、家庭和社会的价值

学前教育不仅对于个体的身心发展十分重要，而且对于教育事业的发展、家庭的幸福和社会的稳定与进步也具有重要的作用。

学前教育作为我国学制的第一阶段、基础教育的有机组成部分，必然对我国教育事业的整体发展，尤其是基础教育的发展具有重要的作用与影响。通过帮助幼儿做好上小学的准备（包括社会适应性、学习适应性、身体素质以及良好的学习与行为习惯、态度和能力等方面准备），学前教育有助于儿童顺利地适应小学的学习和生活。我国教育部和联合国儿童基金会历时5年合作进行的"幼小衔接研究"，通过儿童入学前半年和入学后半年的连续实验研究发现，对学前儿童做好入学前准备，包括学习适应方面的准备（如培养幼儿小学学习所需要的抽象思维能力、观察能力、对言语指示的理解能力和读写算所需要的基本技能等）以及社会适应方面的准备（如培养幼儿任务意识与完成任务的能力、规则意识与遵守规则的能力、独立意识与独立完成任务的能力以及主动性、人际交往能力等），能够使儿童入小学后在身体、情感、社会性适应和学习适应等方面都有良好的发展，从而顺利地实现由学前向小学的过渡。我国已将普及九年制义务教育作为教育事业发展的重要目标，学前教育则可为有效提高义务教育的质量与效益、促进这一目标的实现做出积极的贡献。

3. 学前教育对儿童身心全面发展的重要性

这里选取了儿童身心全面发展的两个重要的方面来探讨。

（1）对儿童的认知发展的重要性学前期是人的认知发展最为迅速、最重要的时期，在人一生认识能力的发展中具有十分重要的奠基性作用。儿童的部分生理机在学前教育阶段开始进入其发展的萌芽或者关键期，其中最重要的是认知能力的发展。皮亚杰的发生认知理论认为，人的智力—心理发展具有阶段性。儿童2

岁以前处于"感觉运动阶段",首先获得动作的逻辑,逐渐发展出事物之间的次序、空间维度、事物的恒在性、因果性等知识。在2—7岁之间的"前运算阶段",儿童将动作概念化,开始语言和符号思维。到了7—10岁又是不同的阶段。可见在这一时期儿童的发展状况具有持续性影响,其影响并决定了儿童在日后社会性、人格发展的方向和水平。可以说,人的智力发展在一生中表现不同的发展速度,先快后慢这一事实告诉我们早期智力开发是非常关键的。学前期的教育在人的一生中占据了极其重要的教育时期,我们必须抓住这一关键时刻,给儿童良好的教育,促进其顺利发展。

(2)对儿童的社会性、人格品质发展的重要性社会性、人格品质是个体素质的核心组成部分,它是通过社会化的过程逐步形成与发展的。学前期是个体社会化的起始阶段和关键时期,在后天环境与教育的影响下,在与周围人的相互作用的过程中,婴幼儿逐渐形成和发展着最初也是最基本的对人、事、物的情感、态度,奠定行为、性格、人格的基础。埃里克森的阶段发展学说认为在人的发展中,逐渐形成自我的过程,在个人及周围环境的交互作用中起着主导和整合作用。每一部分或每一阶段都属于整个周期的阶段,每个阶段都有特殊期,只有这些阶段都产生后,才使完整的人格组合形成。研究和事实均表明,6岁前是人的态度、性格、习惯、情感雏形等基本形成的时期,是儿童养成礼貌、友爱、帮助、分享、谦让、合作、责任感、活泼开朗等良好社会性行为和人格品质的重要时期。这也是学前教育追求的为了儿童的幸福、一切为了儿童的幸福,把儿童培养成全面和谐发展的人的目标。

加强早期儿童教育,为每一个儿童创造受到高质量的学前教育的机会,正成为世界各国教育改革与发展的一个重要方面。我国也必须放眼未来,从新世纪国际社会政治经济的新格局和我国现代化建设需要的高度来思考学前教育的发展问题,以使我国的学前教育真正从教育舞台的边缘走向中心。

二、我国学前教育高校专业人才发展存在的问题分析

我国学前教育师资新中国成立后主要由中等幼儿师范学校和一部分普通师范学校和职业高中来承担,而其所需要的教师则主要由高等师范院校的教育系提供。1952年,教育部颁发《关于高等师范学校的规定》明确指出:高师教育系得分设学前教育组,培养中等幼儿师范学校的教师。根据同年教育部有关高等院校院系调整的计划精神,教育部将分散于一些高校的有关专业适当合并,以利于集中力量,形成幼儿师范学校师资培养培训基地。于是,合并成立了南京师范学院幼儿教育系和北京师范大学教育系学前教育专业。其培养目标主要定位于中等幼儿师范学校的师资。从此,我国高等师范学前教育专业培养目标明确,力量相对集中地担负着我国中等幼儿师范学校师资培养的任务。"文革"十年,高师的学前教育专业基本取消,我国整体上的学前教育并未得到发展。1978年10月,教育部颁发

了《关于加强和发展师范教育的意见》，再次特别强调"原有学前教育的师范院校，应积极办好这个专业，扩大招生名额，为各地幼师培养师资。"于是，原来已设有学前教育专业的北京师范大学、南京师范大学、西南师范学院、西北师范学院和东北师范大学等高等师范院校自1978—1979年先后恢复招生。

20世纪80年代初期，华东师范大学、陕西师范大学以及一些省（市）、自治区师范院校也增设了学前教育专业。而且教育部在1980年8月颁发的《关于办好中等师范教育的意见（试行草案）》中强调："1985年前，在原来的大行政区范围内，应有一所高等师范学校开设学前教育专业。"目前，已经形成了培养学前教育专业人才的良好格局。一些老牌、重点大学，如北京师范大学、南京师范大学、华东师范大学等，由于他们所处的地位和办学历史较长，无论是办学条件、学科建设水平，还是师资队伍建设都有较好的基础。这类学校培养的高校生毕业后升入高一级学校深造的机会较多，即便不升学，还可以到具有培养幼儿师资的一般高校或其他学校任教，因此，这些学校的学前教育高校专业的人才培养目标更多地定位于为一般高校培养学前教育理论教学和研究的师资。随着教师教育事业是大学的使命观念的日益深入人心，随着教育对教师学历层次不断提高的要求，中等幼师必然慢慢萎缩进而退出历史舞台，幼儿园一线师资培养的任务自然而然地落到了一般高校的身上，这是历史使命，责无旁贷。为了实现学前高校教育人才培养目标，各高校制定了人才培养方案并认真贯彻执行。但在办学过程中，普遍遇到一些棘手的问题。

相对于其他的成熟专业而言，我国教师职业专业化程度还处于较低水平，学前教育（学前教师职业）更是如此。赵康博士的专业化理论对各专业的发展具有极大的启发性。

赵康博士概括提炼出成熟专业的六条标准：第一，一个正式的全日制职业。专业是正式、全日制且通常复杂的职业和它的成员的主要收入来源。专业代表了一个根本、持续而又常常是共同的身份；第二，专业组织和伦理法规。专业的成员发起组织诸如学会、协会、联合会这类设定入会资格的志愿民间组织以保护和提高他们的个人利益及设立章程和伦理法规，规范专业人员的行为以保障客户和公众的利益；第三，知识和教育。成熟专业具有一个经过界定、深奥且实用的知识和技能的科学体系，这一科学知识体系能够通过一个教育和培训的机制/过程传授和获得，而获得知识的过程往往是漫长的且也许格外的困难……一个成熟专业的科学知识体系已经被系统、普遍的组合成大学的学位课程，修完这些课程的毕业生则是该领域的准专业人员；第四，服务和社会利益定向。"专业承诺通过有效地内部治理和伦理、诚实的职业实践服务于它们的客户和其本身至于其中的社会，保护客户和社会的利益和福利"（Gallessich，1982：41）；第五，社区的支持和认可。专业在其中运作的社会及专业为之服务的客户认可一个专业的社会角色、身份和行为规范，从而导致国家为该专业设置一个特许的市场保护。"市场保护通常以一个治理和保护一个专业实践的法律文本形式出现……其中可以包括从事这一专业所需的教育等资格条件及哪些行为被界定为非专业与非法、因而会相应得到的制裁"(Kuber, 1986：94)；第六，自治。"专业人员组织起来的最终成果是自治和伴随而生的威信……自治专业的成员不受外行的评判和控制，被信托于接受和保护特殊信息。他们自己决定进入该职业所需的教育和培训标准，并在帮助国家形成规范这一职业实践的法律上发挥巨大的影响力"(Gallessich, 1982：4)。

以此六条标准衡量，对我国学前教育的专业化现状的进行分析。学前教育职业已经形成了一个正式的全日制职业，幼儿园等学前教育机构早已普遍设立，学前教师也成为一个巨大的职业群体；全国性和地区性的学前教育/幼儿教育研究会（学会、专业委员会）已经普遍设立；学前教育学的系统知识体系已初步形成，在部分高校中也设置了学前教育学专业学位；由于属于基础教育，它天然地具有服务和社会利益定向；我国制定了《幼儿园管理条例》和《幼儿园工作规程》，还有一些学前教育法律法规散见于其他法律法规中，为学前教育的举办、管理等提供了一定的法律保障。这些意味着学前教育职业已经是出现的专业或者说形成的专业。学前教育的专业化尚未充分成熟和完善。

1. 专业组织松散乏力，伦理法规尚未形成。

尽管国家级的专业组织——中国学前教育研究会已经成立，并且拥有很多会员单位，但是这些专业组织主要是由高校里教育学/学前教育的研究者组成，实际从事学前教育职业的人员参与较少，且专业组织比较松散，组织活动不活跃、不规律，凝聚力不强，社会威望也不太高。由这些专业组织发起组织的专业伦理法规还未形成。学前教育作为教育的开端与基石，逐渐受到社会各界的关注。学前教师作为学前教育的主力军，不再是一种简单的用来谋生的职业，他们承担着保育和教育的双重任务并逐步走向专业化。一个合格的学前教师要有合理组织幼儿一日生活的能力、开展和指导教育教学活动的能力、引导儿童探究的能力、关爱了解儿童的能力。正如教育部印发的《幼儿园教师专业标准（试行）》中提到的四个基本理念：师德为先、幼儿为本、能力为重、终身学习。在幼儿园里，我们常常被学前教师活泼开朗的性格、耐心认真的工作态度所感染。她们蹲下身子，拉着孩子的手，亲切而耐心地与孩子交谈；她们动作轻盈，为孩子整理衣衫；她们在炎热的午后，忍着困意为孩子调整睡姿，让孩子睡得舒服。然而，最近新闻媒体陆续报道了多起学前教师虐童事件，这些藏在黑暗角落里的阴霾为我们敲响了警钟，学前教师——向日葵般温暖的职业，为何如此冰冷残酷？与专业组织松散乏力，伦理法规尚未形成有着很大的关系。

（1）学前教育高校人才的专业伦理：品味美善的真谛教师专业伦理指教师专业领域中的一套行为规范，借以规范教师执行专业时对其个人、他人及社会的行为。据此，学前教师专业伦理是学前教师在从事教育教学工作时应该遵循的基本伦理规范和行为准则，它用以约束和规范学前教师在执行相关专业活动时对其个人、他人及社会的行为。它不仅包括专业知识、专业技能，还包括专业态度、专业形象、专业人格等。它不仅表现为教师对规章制度的遵守，更表现在教师的专业实践上。从服务对象来说，学前教师的专业伦理包括教师对幼儿的教保伦理、教师对家长的亲职伦理、教师对同事及领导的人际伦理以及教师对社区及社会的社会伦理。可见，学前教师专业伦理是学前教师这个专业共同体成员彼此之间或与社会其他团体互动时应遵守的基本伦理规范和行为准则。

教师伦理最突出、最集中的表现是专业伦理理性。教师伦理理性是教师从道德原则、伦理规范、公正至善等方面对教育教学、人际交往及自我概念进行的思考和判断，是教师在保教实践中所具备的伦理知识、伦理意识、伦理思维的总和。伦理知识是教师应具备的有关教师职业道德规范、教师伦理及教育伦理的相关知识，它是理论性伦理知识和经验性伦理知识的综合体；伦理意识是基于教育实践的基础上、伦理知识的引导下，从伦理的角度对教育教学思考、反思的自觉性；伦理思维以伦理知识、伦理意识为基本素养，从专业实践出发对教育进行辩证的道德的理性判断，逐渐形成教师遭遇道德困境做出道德抉择的合理理据。

学前教师专业伦理是学前教师专业化的重要指标和专业成熟的重要标志。教育对象的特殊性和教育任务的复杂性决定了学前教师专业伦理迷失的灾难性和重塑的迫切性。学前教师的专业伦理是教师这一良心职业至善至美的关键所在。

（2）学前教育专业人才伦理的迷失：挖掘现象背后的本真学前教师的专业伦理是用来规范其在专业实践中的行为，它以教师职责为主要内容，兼顾公正、仁慈、义务、人格、良心等教师必备特征的行为规范和德性自我。然而，部分学前教师专业伦理至今仍处于"应然"与"实然"的中间状态，混沌不清，学前教师专业伦理的迷失，究其原因有以下几点：

①传统教师权威观念的残留中国古代小农经济的社会条件造就了宗法制和等级制的伦理观念。教师，这个古老的职业也被刻上了传统权威的烙印。"天地君亲师""师者如父""师尊生从"等传统伦理规范是推崇教师权威的真实写照。就连集教育之大成的《学记》也提出"师道尊严"，"凡学之道，严师为难。师严，然后道尊；道尊，然后民知敬学"的伦理思想。可见，在中国古代，教师地位之高，权威之盛。

新中国成立后的相当长时间里，受苏联教育模式的影响，学校教学仍是以教师为主体的灌输式教学模式，教师高高在上的地位仍旧没有改变。直到改革开放之后，科学的儿童观逐渐进入大众的视野，"以儿童为中心""关爱儿童""尊重个体差异""尊重儿童的独立人格"等先进儿童观得到社会的认可。但是，受到传统教师权威观念根深蒂固的影响，仍有教师等级观念严重，儿童观念淡薄，在教育实践中滥用教师权威，忽视幼儿的想法，随意指示、命令幼儿，对幼儿施行语言暴力，剥夺幼儿的话语权，甚至用威胁、恐吓、体罚等手段来教育"不听话"的幼儿，误以为压制幼儿的权利，就是维护自己的权威，殊不知，教师的权威主要由教师的个人学识、专长、品德等人格魅力和感召力构成，而不是利用成人优势对幼儿专制蛮横、以成人的思维替幼儿"做主"形成的。不可否认在一定条件下教师权威的重要性，但是教师权威的初衷与落脚点都应建立在尊重儿童权利的基础上，任何忽视儿童主体地位、违反师幼平等的行为都是对学前教师专业伦理的践踏。

②法律法规监督与制裁的赢弱长期以来，我们把圣贤伦理视为伦理道德追求的最高境界，期望通过"静以修身，俭以养德，淡泊明志，宁静致远"的自律精神来达到"身正不令而行"的崇高境界，把教师伦理的自觉性过于理想化，而忽视了法律的监督与制裁，教师专业伦理只是空中楼阁。

现有的学前教育相关法律法规零散、不系统，除《幼儿园管理条例》和《幼儿园工作规程》外，涉及学前教育的法律法规大量地散见于其他相关法律法规中，这不利于真正有效地发挥其规范和保障作用，不利于有效地依法开展学前教育工作。2008年，新修订的《中小学教师职业道德规范》虽对教师专业伦理有所规定，并提出"爱国守法、爱岗敬业、关爱学生、教书育人、为人师表、终身学习"的伦理规范，但从名称和内容来看，仍是针对中小学教师的，针对学前教师专业伦理的法律法规很少。虽说2012年颁布的《幼儿园教师专业标准（试行）》中提出"尊重幼儿人格，维护幼儿合法权益，平等对待每一位幼儿。不讽刺、挖苦、歧视幼儿，不体罚或变相体罚幼儿。"但这仍是职业化的一套专业标准，缺乏法律的监督与管理，以至于违反伦理道德的现象出现后没有一部专门的法律予以公证和制裁。

在市场经济大发展，幼儿园办园体制、投入体制发生大变革的时期，仅仅依靠至理名言、零散的法律法规来支撑薄弱的道德自律，何尝不是空谈理想。由于学前教育监督和管理体制缺位，政策法规执行和监管力度不够，缺乏对幼儿园在办园资质、办园条件、登记注册、教师队伍质量方面的监督，失范行为屡屡出现。可见，现有的学前教育法律法规已经不能适应新环境下学前教育的发展，学前教育政策和立法的缺失是导致学前教师伦理道德失范的重要原因。

③学前教育专业人才素质的匮乏学前教师的专业素质主要包括学前教师的教学能力、组织一日生活的能力、与幼儿互动的能力、合作能力以及自我发展能力。学前教师这个行业并不像某些人理解的"看孩子""和他们一起玩""教识字"那么简单。他们不仅是幼儿行为的辅导者、幼儿发展的研究者和评价者、幼儿游戏的伙伴，更是幼儿生命的关怀者[①]。因此，学前教师的工作是多样而复杂的，既要兼顾幼儿一日活动的丰富性、教育性、安全性，又要考虑幼儿的兴趣和生活经验，还要灵活应对偶发性事件。同时，学前教师兼具对幼儿行为的示范作用，是幼儿

---

①王薇. 基于生命的塑造理念下——学前教育专业人才的培养 [J]. 继续教育研究, 2008, (09).

行为习惯的传递者，他们的一言一行都可能成为幼儿模仿的对象。

所以，学前教师队伍的专业素质是保障学前教育成败的关键力量。然而，很多幼儿园在招聘学前教师时只看重唱歌、跳舞、弹钢琴等技能的考核，忽视了对学前教师学科专业知识和师德的考察，学前教师的招聘标准一度成为"多才多艺的美女"。对教师是否有学前教育专业知识、是否关心幼儿身心发展等关注度不够。有相当一部分学前教师没有学前教师资格证就走上了工作岗位，再加上教育产业化的加快，不少幼儿园急功近利置地办园，幼儿园不达标，教师队伍参差不齐，何谈学前教师的专业伦理，我国学前教师队伍堪忧，以至于屡屡出现学前教师虐童事件。

（4）学前教育专业人才职业环境的压力学前教师的社会地位、工作情况、人际关系等方面的压力已经严重制约幼儿教育事业的健康发展，成为专业伦理有失偏颇的原因之一。长期以来，学前教师被看作"看孩子的阿姨""陪孩子玩的姐姐"，是谁都能胜任的职业，和其他年龄段教师相比，社会地位明显偏低。公办园与民办园、示范园与普通园之间的收入存在明显的差距。虽然《教师法》中明确规定，教师的平均工资应当不低于或者高于国家公务员工资水平，并逐步提高，而现实中，学前教师完全没有得到一名教师应有的待遇，幼教行业常被戏称为"清水衙门"，与同行业的小学、中学、大学比较起来相距甚远。学前教师在专业进修、职称评定等方面的权利少之又少，没有独立的职称体系，仍从属于中小学。长期处于不利社会地位的学前教师的自我期望与实际成就之间的落差，容易使学前教师产生心理不平衡，从而导致职业倦怠，缺乏组织承诺感，逐渐产生"干不长久""想离职"等心态。加之长期处于幼儿园行政管理的最底层的教师在面对弱小的儿童时很容易产生一种高高在上、统治打压的心态。持有这种心态的教师缺乏职业归属感，对工作得过且过，遇到顽皮、自制力差的幼儿很容易采取挖苦、讽刺、恐吓等极端手段，因此，容易触犯教师专业伦理。

学前教师的工作繁重，工作量大。这种工作现状主要由教育对象的特殊性和家长的不同需求以及岗位竞争造成。

首先，教育对象的特殊性决定学前教师要面对一群在认知、社会性、身体发育等方面不成熟的幼儿，他们缺乏自我保护能力，自理能力差，教师要承担起保育与教育的双重任务。教师不仅要确保幼儿能够安全地进行诸如盥洗、如厕、饮水、进餐等一日生活常规行为，而且要对幼儿进行符合本阶段年龄特点的教育。可见，要做好本职工作，学前教师要比其他年龄阶段的教师倾注更多的心血。其次，教师与家长在价值观、教育观、幼儿行为参考等方面存在差异，导致教师在伦理抉择时容易陷入困境。他们可能面对各种类型的家长，不同的家长对孩子的教育观念不同，对教师的需求也不同。有的家长害怕孩子输在起跑线上，希望幼儿园教孩子拼音、识字、算数；教育理念先进一些的家长则强烈反对幼儿园教育小学化现象，要求多给孩子游戏的机会；还有的家长认为孩子的教育是幼儿园的事情，把孩子交给教师后就不闻不问。学前教师身处其中，左右为难，教学活动难以开展，在引导家长时，难免陷入两难的伦理抉择中。最后，学前教师要面对来自教育体制和市场经济下的激烈竞争，如职称评定、教师聘任、末位淘汰、按绩取酬等。学前教师下班时间制作玩教具，撰写各种案头材料，真正意义上自主研修的时间少，专业成长速度慢，缺乏自我实现的途径，面对来自幼儿家长和社会的期望无所适从，长期处于焦虑状态①。

幼儿园内部的人际关系状况也会给学前教师带来工作压力。幼儿园的内部集体是否和谐、园长的管理是否民主、同事之间关系是否融洽等问题会影响学前教师对待工作的态度和对待幼儿的态度。如果学前教师在一个充满友爱、和谐的环境中工作，她必定会有极大的热情和积极性，面对幼儿也会有更多的耐心和责任感。相反，幼儿园的氛围紧张，同事之间冷漠，园长专制，教师很难有平静的心态去面对工作，很容易做出有悖专业伦理的事情。

2. 知识结构缺陷明显，专业培训陈旧落后。

虽然我国部分高校已经设置了学前教育专业学位，但是学前教育学的知识系统还相当单薄，权威专家少，标志性成果少。而且，现有学前教育学位点少、招生少，培养的人才进入学前教育职业的更少。学前教育教师大部分是从幼儿师范或职业幼师毕业，他们具有一般教学技能和弹唱舞美的基本功，但是在学前教育的专业理论、文化理论和专业素养方面相对不足，专业发展后劲不足，专业创新能力弱。同时，在学前教师培训方面，存在培训机会太少、培训内容陈旧单一、缺乏针对性和实效性等问题，不能满足教师专业化发展的需要。专业教育与培训方面的"短板"使学前教育专业知识的发现者与使用者分离、探究者与实践者割裂。

3. 社会公众期望偏低，专业身份认可度低。

社会和家长对学前教育职业专业性的认识相当模糊：一些人认为女孩子初中毕业就能胜任，不需要具备专业知识；一些人只是把学前教师看作特殊的"保姆"，幼儿园就是照管儿童的地方；一些人把学前教育看作小学教育的前阶段、应试智力教育的预备期……公众也很少把学前教师当作专业人员，或拿专业人员的标准去要求他们。总体来说，社会和公众对学前教师的期望偏低，没有给予一定程度的认可、尊重和支持，学前教师尤其是民办幼儿园教师的社会地位和经济地位都偏低。从对高校学前毕业生的就业意向的调查来看，2015届即将毕业的28位毕业生当中，仅有18人明确表示，毕业时打算从事幼儿教育工作，而且，18人中有10人报考了研究生，4人报考了公务员和公立小学教师招聘考试。之所以会出现这种状况，原因主要有以下几个方面：

---

①庞丽娟，范明丽. 当前我国学前教育管理体制面临的主要问题与挑战 [J]. 教育发展研究，2012 (4).

（1）落后的教育观念根深蒂固纵观世界学前教育的发展史，我们发现，学前教育机构的产生主要是源于妇女就业、谋职造成孩子无人看管，于是，一些退休教师或是来自"保姆养成学校""看护修女养成所"的人员担负起了照看孩子的任务，那时的学前教育机构主要是看管无人照料的儿童。虽然经过几十年的发展，单纯的"看管"早已转向含有"教育"的因素。但是，一种根深蒂固的观念仍然存在于人们的头脑中，那就是：学前教育就是看孩子，学前教师就是孩子王，只要能照看孩子，保证儿童不出事，教儿童唱唱歌、认认字、做做数学题就行了，所以，教师也不需要掌握什么高深的理论知识，也不存在什么教育技能，自然也就不需要什么高学历，所以，很多人认为高校毕业当一名学前教师是屈才，是大材小用，人才的浪费。

（2）学生对学前教育专业的认同度不高在高考录取时，多数学生并未填报该志愿，大多是被调剂到这个专业来的，因而专业思想不够巩固。学生对专业的认同度低，主要是源于社会对学前教师的专业认同度不高。一方面是前面所说到的认识问题。另一方面，学前教师的特殊性使得它的社会地位远不如中小学教师的地位高。因其工作性质是保教一体，既要教育孩子，还要照料孩子的日常生活，较为琐碎辛苦。这使得学前教师的职业声望不高，对毕业生缺乏足够的吸引力。

另外，一名毕业生要挤进公办幼儿园是件很难的事，当一名民办幼儿园教师不符合人们由来已久形成的求稳心态，使得一些学前教育专业的毕业生不太愿意到幼儿园就业，即使上岗了，也待不长久就转行。

（3）幼儿园教师劳动强度大但待遇却很低与目前快速发展的学前教育不相适应的是国家对幼儿园教育经费的投入明显不足。国拨经费仅占幼儿园教育经费总数的1.3%左右，远远低于对九年义务教育的投入，甚至低于对其他非义务教育的投入。近年来，随着幼儿园体制的改革，很多企事业单位的幼儿园被剥离。本来就存在教育经费的严重不足，而如今的自负盈亏、自主经营，使得一些幼儿园为了自身的发展，采取降低教师工资，提高劳动强度的办法来提高办园效益。学前教师普遍存在劳动强度过大、待遇过低、保障体系不完善等一系列问题。

《幼儿园工作规程》明确规定，全日制日托班的人员配备为两教一保，即两名教师和一名保育员。而一些幼儿园，特别是一些民办、私立幼儿园，为了节约开支，一个班只配备一名教师和一名保育员。一个教师从早上孩子进园到晚上离园，每天要工作近十个小时，工资远远低于其他行业。

4. 高校学前教育专业的办学条件难以满足人才培养的要求

办学的基本条件就是师资队伍和教学设备。目前，高校掌握学前教育专业理论的专职教师不少，但是，这些教师往往没有幼儿教育的实践经验，他们的教学大多是教师讲，学生听，从书本到书本，从理论到理论。而学前教育专业是一个综合性、应用性很强的专业，对教师的能力要求较高，这种教学很难适应学前教育专业人才培养的要求，因此，丰富理论教师的幼儿教育实践经验是当务之急①。目前，用人单位非常重视学前教育毕业生的教育技能，为此，在课程设置中，除了教育理论课以外，艺术类课程成了备受关注的一块②。艺术类课程主要包括钢琴、乐理与视唱、乐器演奏、舞蹈基础和创编、绘画、手工制作等。这些课程的教学任务由谁来担任？

目前各高校一般很少配备专职教师，而是由所在学校的艺术学院的教师来兼课。艺术学院的教师专业水平高，从理论上讲，要教这些学前教育专业的学生将是游刃有余。但从实际操作的情况来看，艺术学院的教师普遍工作量大，加上他们在社会上兼课的机会较多，收入较高，学前教育专业的课对他们来说常常成为一种负担，上课不够认真的现象时有发生。另外，音乐、美术是他们的专业，长期以来，他们面对的是学习音乐、美术的专业学生，对学前教育关注不够，对幼儿的心理不太了解，所以，他们的教学往往偏重音乐、美术的理论知识，很少考虑幼儿的特点，与幼儿园实际联系不够紧密，上课针对性不够强。根据课程设置，学前教育专业的学生必须学习音乐、美术等技能课，以培养学生的弹、跳、唱、画、做等技能，因此，学前教育专业应配备钢琴、电子琴、手风琴、画桌、画板等，要有形体训练室、美工室来满足学生平时技能训练的需要。还应配备多媒体教室，里面应有电脑、影碟机、国内外有关幼儿的教育教学音像资料，特别是有关幼儿园音乐活动、舞蹈、手工制作等的音像资料，让学生定期观看，以密切关注国内外幼儿教育教学的发展。可是，从目前各高校的情况来看，这些设备的投入都比较有限，大多数学校都采用资源共享的办法来解决问题，但这种资源共享在操作层面上往往难以行得通，使学前教育专业的学生的技能训练常常因为教学设备而受到限制。

5. 法律法规不够完善，市场保护门槛很低。

尽管我国制定了《幼儿园管理条例》和《幼儿园工作规程》及其他一些零散的相关法规，但是一来这些法律法规大多属于规定、条例层面，比较零散，立法层次偏低，法制地位偏低，保障力弱；二来一些重要的根本问题没有规范、落实，如忽视幼儿园的权利；未对幼儿园教师的待遇、培训进修、医疗保险等予以切实保障等；三来对学前教育市场保护的门槛偏低，如规定了幼儿园注册和审批的程序，但对幼儿园注销、转向等未做规定，又如对幼儿园园长和教师的资格规定笼统、要求偏低，等等。可见，我国的学前教育职业的准入门槛很低，专业要求很基本，专业保护也很微弱。市场保护有两个作用：一是保护合法的专业行为，二是阻止和惩罚非专业行为。在现有法律法规下，稍具条件的个人或团体都可以兴办幼儿园，非专业行为难以得到阻止和制裁。

---

①张淑利. 学前教育专业人才培养目标及培养模式改革研究［J］. 佳木斯职业学院学报，2016，（04）.

②陈凤梅. 论学前教育专业现状及其应用型人才培养策略［J］. 湖北科技学院学报，2015，35（10）.

6. 专业自治程度较低，专业威信尚未确立。

自治的实质是专业人员对本行业的专业事务拥有决定权。目前，我国学前教育似乎处于整个教育系统地位阶梯的最低层次，学前教育职业及学前教师群体还缺乏或者说没有恰当的自我评判和控制的权力，在国家形成关于学前教育的法律法规方面也没有什么影响力。这些方面的权力和影响力基本上由政府部门和高校里教育学/学前教育的研究者来控制，而不是由学前教育的实践者、从业者来掌握①。专业自治尚未形成，由此带来的专业权威自然也无法确立。

7. 学前教育师资培养层次的分析

（1）师资培养体系结构不合理。长期以来，我国的幼儿师范学校一直是培养学前教师的主要机构，中专学历的学前教师一直是我国幼师队伍的主要组成部分。1999年3月教育部颁布《关于师范院校布局调整的几点意见》，要求师范院校层次机构目标由三级向二级师范过渡，逐步取消中等师范教育。在这种背景下，中专层次的幼儿师范学校为谋求自己的发展，纷纷通过并入高校、独立升格、未升格但举办"三·二分段"或"五年一贯制"专科教育等方式提高自身办学层次，初步形成了以高校、专科为主的学前教育师资培养体系。由于我国幼儿师范教育改革目前尚缺乏明确的实施步骤和切实合理的区域规划，这种不顾社会实际需要和自身条件盲目提升办学层次的现象直接导致了学前教师培养的严重断层。就各地区学前教育发展状况而言，农村、城郊以及经济欠发达的边远地区往往更缺乏学前教师。师范教育结构调整后，由于幼儿师范学校合并或升格，许多幼儿师范学校已不复存在，面向城市基层和农村所培养的中低学历层次的学前教师数量逐年下降；高校学前教育专业培养出来的幼教师资主要面向城镇幼儿园，农村地区由于社会经济发展水平落后，很难补充到合格的学前教师，这使广大农村地区的幼教师资供给形势更加严峻。

（2）师资培养标准不明确随着我国高等教育的迅速大众化和幼儿教育事业的快速发展，学前教育师资的培养规模不断扩大，办学层次迅速提升，相应的，在人才培养目标和培养规格上也都有着质和量的变化，而国家层面对此并无统一明确的标准和规定。多数学校没能根据实际情况和自身条件，及时转变办学理念，找准学校定位，对人才培养模式进行全面的调整。一些学校，尤其是幼儿师范学校往往不同专业、不同办学层次并存；一些学校兼办高中或者艺术高中班；一些学校大专、中专混办。导致了办学思想和模式的混乱，严重影响了教育质量和教学效果。找不准目标定位，办学没有方向，没有目标，学校的发展后劲严重不足。

（3）课程体系急需改革学前教育师资的培养，要求培养出既具良好的理论素养、又具有良好的教育技能和保育技能的实用型人才。随着对学前教育教师学历层次和能力要求的提高，单纯的技能型教师和单纯的理论型教师都不能适应当前

---

①陈凤梅. 论学前教育专业现状及其应用型人才培养策略［J］. 湖北科技学院学报，2015，35（10）.

学前教育发展的需要，而应是二者兼备的人才。从目前学前教育专业的课程设置来看，高等师范课程设置显露出"重理论轻实践，重文化素质轻教学技能"的弊端；高师专科课程设置缺乏统整性和独特性，重技能轻理论；而中等幼儿师范则偏重艺体。有些学校虽然意识到培养模式的差距，进行了调整，但却没有找对策略，一味地通过加减课来达到目的，导致课程内容庞杂、体系混乱，再加上缺乏相应的师资和专业理论的指导，结果造成传统优势丧失、资源浪费，所培养出的学生既在技能方面不如传统中专生，又在理论方面不如传统大专生。

（4）职后培训问题亟待解决

有研究人员曾对全国东中西部15省市的30个区县的进行调查，结果有近90%的幼儿园园长认为"教师的培训机会太少"是她们在工作中遇到的主要困难之一。继续教育与在职培训的缺乏已成为制约学前教师专业发展的重要原因。面对在职学前教师知识陈旧、学历不达标的状况，教育主管部门却没有强有力的培训措施。首先，学前教师培训、学习的机会和条件未能得到很好保障。例如，国家启动的中小学教师继续教育工程并不包括学前教师；各地的名师工程、骨干教师工程等也大多与学前教师无缘。其次，职后培训的目标发生偏离，成效较低。目前的学前教师职后培训机构大都进行的是学历补偿教育，加之培训缺乏目的性、计划性、系统性，以及培训形式单一、重复低效等不足，使得仅有的一些职后培训流于形式，不能从根本上提高学前教师的教育教学理念和教学技能。第三，学前教师的职后培训工作①，在经济发展不平衡的县市区之间，差别也很大。而就教师的职后培训来说，无论在农村还是在城区都应重视，尤其是当今教育观念日新月异，更应重视教师的职后培训工作。

三、学前教育专业人才培养的现状

1. 国内外的现状

20世纪后半叶世界范围内出现的保护儿童权利的运动，已经不只是保护儿童本身了，从一定意义上说，也是保护国家和民族。正是在这些新的共识与理论的推动下，世界各国加大了学前教育的改革力度，使学前教育取得了长促进步。不仅是观念和理论的创新，更是涉及课程设置、教育内容、教育方式等多方面的改革和创新。许多国家把学前教育作为整个教育的基础，并依据教育学、心理学、生理学和保健学等方面取得的科研成果，尝试新的改革，以促进本国学前教育的发展。学前教育逐步被纳入义务教育和终身教育体系，在学前教育的目标、制度、内容、方式和方法等方面，都出现一些新的趋势。

（1）学前教育中心的转移。近年来，世界发达国家学前教育目标有一个明显的变化，那就是由"智育中心"向注重整体发展方向转变。美、日、苏等国在冷

---

①洪秀敏，罗丽. 公平视域下我国城乡学前教育发展差异分析 [J]. 教育学报， 2012（5）.

战和"知识爆炸"等因素的压力下，都以高、新、难等原则进行中小学课程改革，教学内容逐级下放。尤其是美国心理学家布鲁姆关于儿童早期智力发展的观点，受到许多国家的重视，加强早期智力开发成为美、苏、日、德等国教育改革的重要内容之一。日本在《幼儿园教育要领》中明确地将人际关系、环境、表现列入幼儿园的教育内容中，以纠正偏重智育的倾向，促使儿童在天真、活泼、幸福的气氛中得到良好的发展。美国幼儿教育界也普遍重视通过社会教育促进幼儿智力、社会交往能力、价值观和自我意识的发展。各国教育专家认为，尊重、研究和了解幼儿的特点，提供适合他们发展的教育，仍然是摆在教育工作者面前的一项重要任务。他们主张让儿童通过自然经验、社会交往和游戏等方式自发地、自主地去学习。

（2）尝试不分年级的教育。不分年级教育在世界发达国家已成为影响现行教育改革的一种重要潮流。1990年，法国政府颁布关于建立初等教育3年制学习阶段改革计划的法令，进行打破传统的年级概念的改革尝试。其做法是：将2～11岁儿童的教育分为3个阶段，每个阶段一般由3个学年组成。每一个阶段称作初步学习阶段，包括幼儿学校的小班和中班，儿童年龄为2～5岁。第二阶段称作基础学习阶段，包括幼儿学校的大班和小学前2个年级，儿童年龄为5～8岁。第3个阶段称作深入学习阶段，包括小学后3个年级，学龄为8～11岁。

不分年级教育的指导思想的核心是重视儿童个体发展的差异性，允许超前和落后，使优秀学生和后进生都能获得有效发展。其次，不同年龄儿童混合在一起共同活动，通过社会交往，无论是年龄大的儿童还是年龄小的儿童，都能学到大量知识，并获得社会能力的发展。再次，不分年级的教育还促进了教师对儿童的因材施教，以及父母和教师之间相互联系的加强。最后，不分年级制有利于幼小衔接，使儿童从幼儿园教育自然地过渡到正规的学校教育。

（3）多形式和多功能的学前教育机构。美国、日本、英国和澳大利亚等国的社区学前教育都较为发达。社区学前教育的基本特点是非正规性、开放性、综合性和地域性等。社区学前教育设施大致有三种：有专为儿童设立的，如儿童馆、儿童咨询所、儿童公园等；有为儿童与家长共同参与服务的，如图书馆、博物馆、儿童文化中心和各种终生教育中心等；还有所谓"父母教育"，如母亲班、双亲班和家长小组会议等。20世纪70年代左右，英国就出现了"玩具馆"，到1996年已发展到1000多家。它实际上集社区中心、收藏馆和学校为一体。玩具馆的设立者充分认识到游戏和玩具在儿童成长中的重要性。玩具馆酷似图书馆，所不同的是书架上陈列的是玩具而非书籍。玩具馆给儿童带来了欢乐，增长了他们的知识，培养了他们与人交往的能力和对学校的愉快体验，有助于他们以更好地适应学校生活。

（4）倡导多元化教育多元文化教育是当今世界教育的一个热门话题。联合国教科文组织21世纪教育委员会认为，教育的使命就是教学生懂得人类的多样性，一方面，世界文化多元并存，各文化有其独特价值。文化多元主义强调尊重异文化，鼓励各种文化之间的相互交流，以促进世界和平。另一方面，今天的人类面临着许多共同的问题，如环境污染、贫困、人口过剩。艾滋病及其他疾病的蔓延等①。这些问题的解决需要世界性的合作，而这种合作的前提是要求人类对多元文化有深刻的理解。

（5）国内高度重视儿童教育事业发展。新中国成立后，我国的幼儿教育事业发生了根本性的变化。特别是近年来，出台了一系列指导性纲领文件全面指导学前教育的发展。但现状仍然不容乐观。

①农村幼儿的低入园率导致全国幼儿入园人数总体上呈下降趋势，一些大中城市的幼儿入园率已基本达到85%，经济较发达地区的幼儿已全部入园，而在我国的广大农村地区，入园率偏低，有的地区幼儿学前一年的入园率还不到50%，从而导致全国入园率水平偏低。

②多主体办园的局面基本形成，但管理比较混乱。社会力量办园正在逐步上升成为主体，国家、集体、个人一起办园的局面基本形成，为更多的学龄前儿童提供了接受教育的机会。但各级地方政府对幼儿园的教育还不够重视，基本上处于一种无序管理或撒手不管的状态。

（3）幼儿园教师的学历水平和专业化程度总体上稳步上升，但城乡差距大，区域发展不均衡。大部分农村地区的学前教师是非公办教师，学历较低，而且稳定性也比较差，这对于幼儿比例较大的农村地区是极为不利的②。

2. 我国幼儿教育发展现状

幼儿教育主要指的是对3～6岁年龄阶段的幼儿所实施的教育。我国《幼儿园教育纲要》指出"幼儿教育是基础教育的重要组成部分，是我国学校教育和阶段教育的奠基阶段"，它要为"幼儿一生的发展打好基础"，可见幼儿教育在孩子的一生中起着举足轻重的作用。

美国心理学家杰明斯的研究指出，5岁以前是智力发展最快的时期，对一个18岁的孩子达到的正常智力水平来说，其中50%的智力是4岁以前获得的，30%是4～8岁获得的，20%是8～18岁前获得的。可见，一个人约有70%的智力是在幼儿阶段就已经形成了，因此幼儿教育对孩子的智力发展有着责无旁贷的责任。

中国近代改革先驱者梁启超《少年中国说》中有一段话："今日之责任，不在他人，而全在我少年。少年智则国智，少年富则国富，少年强则国强，少年独立则国独立，少年自由则国自由，少年进步则国进步，少年胜于欧洲则国胜于欧洲，少年雄于地球则国雄于地球。"从中也可以看出幼儿教育对于国家社稷来说也是非常重要的。

①洪秀敏，罗丽. 公平视域下我国城乡学前教育发展差异分析 [J]. 教育学报，2012（5）.
②洪秀敏，罗丽. 公平视域下我国城乡学前教育发展差异分析 [J]. 教育学报，2012（5）.

　　幼儿教育问题长久以来一直备受各界关注，民谚"三岁看大，七岁看老"就是对幼儿教育重要性的经典概括。科学来说，幼儿期处于人生的起步阶段，正是人的性格塑造，习惯养成，以及思维方式培养等等的黄金阶段，如果这一阶段出现瑕疵必然会对将来产生深远且无法补救的影响。对于一线幼儿教育实施者的我来说，纵观从教多年之所见，以及多方之所闻，深感我国目前的幼儿教育现状让人揪心，更令人担忧。

　　现在的幼儿园，承载了太多或者可以说是过多家长的期盼，而这种期望又是畸形的，不正常的。他们都盼望着孩子在幼儿园能学到很多的知识，孩子会的越多越好，最好数学会做奥赛题，语文会写小说，英语会和外国人无障碍交流等，让人啼笑皆非，完全不管孩子应不应会，能不能会。孩子常常是家长用来炫耀的工具，"我家孩子三岁就会背10首唐诗了，我家孩子三岁就会数数数到100了"等攀比心促使家长对孩子的教育只看重文化知识的灌输，漠视孩子良好习惯的培养。幼儿园原本应该矫正家长这一错误的期望，还幼儿教育之本质，让孩子充分发挥自己年龄阶段特有的本性，引导孩子在快乐愉快的游戏氛围中认识世界，完善心智。但是家长会因孩子在该幼儿园学不到"知识"或某某老师不会教孩子而转园或转班，在市场竞争下的幼儿园和幼教老师只能顺应家长的希望教育孩子，导致了孩子从很小就感到学习压力大，从而产生抵触学习的负面情绪。试想，一个不爱学习的孩子如何在竞争激烈的社会中立足呢？

　　现在的幼儿园，充斥着太多"小心、当心、慢点、别去、不能……"词汇，这是家长溺爱的体现。现在绝大多数幼儿都是独生子女，是家长的掌上明珠，一个孩子有两三代人的细心呵护，真是印证了那句"捧在手里怕摔了，含在口里怕化了"，家长过分的溺爱让孩子不能经受一点挫折，更接受不了孩子在幼儿园里摔到，碰到。所以幼儿园里的设施也是充分考虑了家长的担忧，对户外的娱乐设施大多都禁玩，更有甚者某些幼儿园怕孩子感冒根本不让孩子到户外，这种温室长大的娇嫩苗能长成栋梁吗？

　　现在的幼儿园，接受了无数双眼睛的质疑和评论，令教育工作者颇感无奈。在媒体大爆炸的时代，越来越多的人把关注对象投向教育，尤其是幼儿教育，这也体现了大众对幼儿教育的重视程度。但是过分的干涉，无端的挑剔使得教育工作者力不从心，往往谨小慎微，息事宁人。网络上充斥着各种教师虐待孩子、收受红包的帖子，并以此给出总结性评价：现在的教师功利心太强，责任心太差，素质太低……让每位教育工作者寒心。尤其是学前教师，他们接触的是没有是非辨别能力的孩子，对孩子讲话做事就更需注意：极端说来，某些教师为了保护自己，只要确保孩子身体健康安全就好，不会更深入地去培养孩子的心智和习惯。如此这般无奈之举能培养出心智健全的优秀人才吗？

　　放眼国外，其他国家的某些优秀做法值得借鉴。例如西方发达国家对幼儿教育的理念、具体的实施方法都是非常不错的。

日本的幼儿教育可以用奇特来形容：他们的园内各项设施都非常"古旧、简朴"；日本幼儿园的孩子，冬天无论多么冷的天，都穿非常短的短裤上学，以此锻炼他们的抗寒能力；日本家长在接孩子下幼儿园的时候，手里一律空着，各种包都是由小孩子拿着，培养他们自己的事情自己做的意识；日本幼儿园的孩子都有很多包，孩子们要把自己的个人用品分门别类地整理好并放在统一的地方，长此以往从小开始锻炼做事的条理性；日本幼儿园不会教授太多文化知识，他们的教育是为了教孩子学会"笑"和"感谢"。

德国的幼儿教育最大的特点是每个班里都有3~7岁不同年龄阶段的孩子。德国幼教工作者认为混龄编班有利于幼儿之间的互相学习以及发展幼儿的社会交往能力。他们认为：大小孩子在一起，大孩子会感到很骄傲，同时知道要去爱护小弟弟、小妹妹，而小孩子也可以向大孩子学到很多东西。德国幼教界很重视幼儿独立性以及社会适应能力的培养。只不过他们的培养方式是玩，通过玩来教会孩子。

在美国，幼儿在幼儿园基本上没有什么学习任务，但是他们每天有半个小时的读书时间。孩子在幼儿园里做得最多的事情是画画、剪纸和拼贴东西。这里的小孩很小就被允许使用剪刀，他们很快就能熟练地剪各种图形。这些活动极大地锻炼了孩子的动手能力，使他们很好地做到手脑并用，互相促进。美国的幼儿园从来没有给孩子戴小红花、插小红旗等等的评比活动。幼儿园认为每一个孩子都是聪明的、优秀的、平等的，没有什么优劣之分。

国外的优秀经验可供我们学习，总结下来有一个共同的特点就是注重孩子习惯的养成，而文化知识的培养不是幼儿园主要的责任，孩子可以在玩耍中学到知识。这点其实与我国的幼儿园办学理念是一致的，只是我们有太多禁锢使得培养孩子习惯方面不能很好地施展，这点上还需要家长的大力配合，共同将孩子培养成身心都健康的快乐的人。

第二节　以政策为依据学前教育专业人才培养模式的改革

瑞士儿童心理学家皮亚杰曾说过：事实许可我们主张，儿童越小，对他们进行教学就越难，而对于幼儿的教学未来的后果就愈有影响。随着对学前教育重要性认识的发展，世界许多发达国家都把学前教育看成是终身教育最初和最重要的环节。美国学前教育师资主要由大学早期教育系或早期教育学院培养，研究生院和研究院招收已获得学士学位的学生或有实际工作经验者攻读硕士、博士学位，培养高层次学前教育师资充实到幼儿教育第一线。日本政府为提高幼教师资质量，制订政策鼓励硕士、博士学历的老师到幼儿园任教。从世界范围来看，我国学前教育师资学历层次是比较低的，根据统计数据，我国学前师资队伍中，具有高校以上学历的教师仅占师资队伍的3.7%。目前，我国学前师资队伍中，具有高校以上学历的教师有所上升，约为7.4%。但从所占比例的数据来看，与发达国家相比，有较大的差距。可见，提升学前教育师资学历层次是学前教育发展的必然趋势，也是顺应世界学前师资培养发展潮流、将我国学前教育事业纳入国际发展轨道的必然选择。目前，我国提升学前教育人才培养规格后遇到的困难是普遍的，现在的关键问题是寻找解决问题的有效路径。

一、学前教育公平的理论基础分析与政府的调控

1. 学前教育公平的理论基础分析

随着社会的不断发展和进步，人们对于孩子教育的关注度逐渐增高，因此对于孩子学前教育公平的问题被提上案来。在21世纪的今天人们经常谈论的话题就是公平，近年来，对于学前教育公平的理论引起了许多学者的关注并对其进行了研究。对于学前教育公平的研究可以从两个方面进行分析，分别为从形式上和实质上两个方面进行分析。

（1）学前教育公平的理论基础概述

①教育公平理论教育公平的重要表现就是每个人受到教育的权利是平等的，我们通过教育而获得基本的生产以及生产的技能。只有在人们都享有平等教育权力的情况下维护自己的尊严和权益，才能够行使自己公民的职责。每个人受教育的公平性是不受到性别、年龄、种族、家庭背景等条件的限制，进行学习的机会是平等的。就中国现今的情况来说，经常会出现教育不公平的情况，就以回答问题老师所挑选的学生来说，教师也会因人而异。

②学前教育公平及影响因素学前教育公平，就是指孩子在上学前活动中拥有平等的地位和受教育的权利，其能够有效地体现在教育中的公平。在学前教育公平中包括两个方面，分别为受教育机会的平等和权利的平等。在学前教育中不公平的影响因素有区域因素，由于地理区域的差别导致出现了学前教育不公平的现象，尤其是在我国的西部等地区的现象尤为严重。还有一个比较重要的影响因素就是城乡差异的影响因素。根据相关数据的统计结果表明，我国城市内的孩子几乎都能接受学前教育，但是城乡的孩子接受学校教育的人数为70%。由此可以看出，我国部分地区还是存在着学前教育不公平的现象。

③学前教育公平的重要性学前教育具有重要作用，其在基础教育中占有重要地位。学前教育可以为今后的学校教育和终身教育奠定基础，而学前教育公平在其中起着重要作用。从学前教育公平的理论方面来说，其可以使每个孩子受到公平的待遇，使他们的身心健康的发展。从教育的角度来说，其能有效地帮助老师对学生进行教育。从其他角度来说，学前教育公平可以使每一个学生都受到平等的待遇，有效地解决了外地打工人员子女上学难的问题。

（2）学前教育公平理论的分析现今在学前教育公平中还存在着许多的问题需要解决，因此在进行完善。以下从形式和实质方面上具体的分析学前教育公平的

理论基础①。

①学前教育公平的现状学前教育属于教育的基础，因此具有公益性，而且其能够为适龄儿童提供相应的教育②。现今，我国由于学前教育的公益性在逐渐减弱、国家对于孩子学前教育的财政投资逐渐减少，因此加重了家庭的负担出现了入园难、入园贵的问题。现今在学前教育公平中存在着公益性弱、财政投入少、没有得到足够的认识和发挥，因此想要解决这些问题就需要建立完善的学前教育服务体系和制度，这样就能够实现学前教育公平。

②从形式上分析从形式上分析学前教育公平，就是每一个孩子都有受到教育的机会，并且受到同等的待遇。从孩子呱呱落地的那一刻起，孩子就是一个拥有独立人格、权力及以尊严，因此从形式上来说孩子也是受到法律的保护。从形式上讲学前教育公平，就是孩子拥有同等接受教育的权利。就以《儿童权利公约》来说，其中明文规定孩子从出生的那一刻起就拥有各种权利，孩子受教育的权利就是其中一项，受教育的权利属于发展权中的一项。

③从实质上分析从实质上分析学前教育，就是在学生受到了相应的教育权利的情况下那么自由就会受到相应的限制。从社会的目的方面来看，教育属于一种福利事业可以促进社会长期稳定的发展，因此每个公民都有受到福利事业的权利。由此可以看出，每个人都有受到学前教育的权利，都可以接受相同课程教育。同时由于每个孩子的生活环境、性格、兴趣爱好等各个方面都不同，因此可以根据每个孩子的不同情况适当的改变课程，为每一位孩子提供优质的服务。

综上所述，学前教育公平就是指孩子在上学前活动中拥有平等的地位和受教育的权利，其能够有效地体现在教育中的公平。对学前教育公平的分析可以从教育的理论角度、形式、实质、其他等多个角度进行分析。希望通过本文的论述，能够为今后对此进行研究的学者提供借鉴。

2. 政府加强宏观调控和管理

学前教育是非义务教育，同时，它又不能与同为非义务教育的高中后教育和成人教育那样容易产生明显的经济效益，于是，政府往往不太愿意出大力气投资学前教育，尤其在财政紧缩时，一些教育行政部门常常不把学前教育当作基础教育的有机组成部分、素质教育的第一环节列入议事日程③。学前教育的非义务教育性质，决定了学前教育独特的办学体制。与义务教育的办学主体是国家及各级地方政府不同的是，学前教育走向了社会化的发展道路。一些地方政府、部门错误地认为，既然学前教育是非义务教育，走的又是社会化、多元化的发展道路，自己就不再有办园的责任了。改革开放以后，原国家、集体办的幼儿园，逐渐实行

---

①洪秀敏，罗丽. 公平视域下我国城乡学前教育发展差异分析 [J]. 教育学报，2012（5）.

②刘占兰. 学前教育必须保持教育性和公益性 [J]. 教育研究，2009（5）.

③王荷香. 基于政府责任探讨我国学前教育的公益性 [J]. 教师，2014（8）：33-34.

承包制、股份制、公私合营制、集体个人联办制，出现了多种办园的形式。原企业办园随着企业经营机制的转换，已逐步从主办单位分离出来，走向市场、自负盈亏。办园主体不同，教师的身份、地位、工资、待遇等一系列切身利益也不同。国有民办幼儿园为国家所有，保留国家编制及医疗福利，原有的公办教师可以与小学教师享受同等待遇。但是，这类幼儿园所在学前教育事业中比例很小，而且目前正逐步停止拨办园经费，很难再有新的编制，新进的合格学历教师只能作为无编制人员使用。而作为学前教育办园主体的社会力量办园由于种种原因都没有国家编制，不能为教师很好地解决诸如工龄、职称、评奖、非工资性社会福利待遇等一系列问题，因此，在这类幼儿园工作的教师常常是作为工人或是雇员身份，其地位很难与享有国家编制的各级小学教师相比[①]。这些问题严重影响了学前教育师资队伍的稳定与质量，并直接影响学前教育事业的发展。政府应加强宏观调控作用，统筹规划，因地制宜地制定学前教育发展规划，把学前教育的发展纳入经济和社会发展的总体规划同步实施。

学前教育社会化并不意味着政府投入的减少甚至不投入，而是应进一步在办好示范幼儿园的同时加大投入，在实施行政管理的同时增加对学前教育的主管意识，在做好制订方针、政策、规划、实施指导、监督、检查等工作的同时，树立服务观念与市场观念。随着社会主义市场经济体制的建立与完善，随着学前教育的迅速发展，学前教育管理的内容越来越复杂，仅仅依靠教育行政部门利用行政手段实施管理已力不从心了。纵观世界各国学前教育发展史，不难发现，世界各国尤其是一些发达国家都不约而同地采取政府立法的形式来保证和促进本国学前教育的发展，以法律的形式对学前教育机构设置条件、经费投入、教师资格、教师待遇和培训进行规定和约束。

他山之石，可以攻玉，我国要使学前教育健康发展，加强学前教育的立法不容忽视。政府应通过立法，积极推进园长、教师资格审定制度，建立教师定期进修培训提高制度，建立学前教育教师社会保险制度，改革幼儿园内部管理机制，建立工资基金制度，完善教师评价制度，切实提高教师待遇，保障学前教育教师的利益，等等。只有解决了这些问题，才能从根本上解决学前教育的发展问题。

二、学前教育的公平性政策改革依据

随着社会文化的巨大变迁，我国学前教育领域的不公平现象日益凸显，成为一个不容回避的问题。学前教育的不公平现象主要表现为学前教育资源的配置不均，即政府将有限的学前教育资源分配给了处于优势地位的少数群体，并且正在以"效率优先"的原则追求教育质量的提高。这种不公平现象可以通过"弱势补偿"的政策加以调整，但是，学前教育公平的真正实现仅仅依靠资源配置的合理

---

①王荷香．基于政府责任探讨我国学前教育的公益性 [J]．教师，2014（8）：33-34．

调整是不够的，它还需要在课程政策上差别对待。

1. 社会文化变迁背景下凸显的学前教育不公平现象

"教育公平"历来是教育改革与发展的一个重要议题，也历来被提倡作为教育政策制度的基本诉求价值之一。这在我国学前教育领域也不例外。然而，近年来随着我国社会文化的巨大变革与转型，学前教育的不公平现象逐步凸显出来。当前，我国学前教育的不公平现象主要表现在教育资源的配置不均衡上，具体表现在两个方面。

（1）公共投资分担主体的重心过低，使得学前教育资源的地区差异日益加大，更使资源薄弱的农村地区面临种种困境。

我国现行的学前教育公共投资体制属于低重心的分权型体制，即国家把学前教育公共投资的责任几乎完全交给了地方，政府投入学前教育的资金主要来自县、乡（镇）、村等基层地方收入，省地级和中央的财政负担则相对偏少。这样带来的直接问题就是，哪个地区的经济发达、财政实力强，哪个地区的学前教育资源就丰富。然而，我国在从传统的计划经济向现代的市场经济转轨的过程中，财政结构已经发生了很大变化，特别是1994年国家实行地方财政自收自支的分税制改革之后，地方财政实力的差距逐渐加大，不仅东西部之间、城乡之间存在明显的差异，同一个城市的不同区，同一个地区的不同乡（镇）也有很大的差异。如此一来，各地区所占有的学前教育资源也就处于差异逐渐加大的状态。

在这种公共投资体制下，农村地区面临窘迫的困境。我国众多的人口在农村，大多数学前儿童也生活在农村，因此农村政府机构承担了我国绝大部分学前教育公共投资责任。但是，农村政府机构是地方财政中最薄弱的一级。所以，很多农村的学前教育情况是：乡、村办的幼儿园没有确定的经费来源，乡、村有钱就给一点，没钱也就爱莫能助。资金的极度匮乏直接影响了农村学前教育机构的发展。农村幼教事业不仅规模日益缩小，使很多幼儿没有接受学前教育的机会，而且幼儿园条件简陋，保教质量差，教师工资低。这种将最重的担子压在最弱者的肩膀上的做法，使学前教育的城乡差距进一步拉大，严重影响着农村地区教育水平的提高。

（2）各级政府有所偏倚的政策重心使学前教育资源向社会优势群体倾斜，使得普通大众或贫困家庭不能公平地享受到国家的学前教育资源。

目前，社会的贫富差距日益加大，社会人员的社会经济地位也迅速分化，因而衍生出各种新的社会阶层。除了一般的工薪阶层有了所谓的蓝领、灰领、白领之分外，还出现了一些社会经济地位较高的"高端"群体，以及更多特殊的低收入阶层，如下岗工人、在城市打工的民工等。社会阶层的增多导致学前教育资源的配置问题面临着新的挑战。

具体说来，目前各级政府在资源有限的情况下，普遍侧重于对示范性学前教育机构的扶持，将大部分教育资源投入这些"优质"的学前教育机构。有的经济不发达地区甚至出现了政府开办的超豪华型幼儿园，但在该地区却同时还有很多贫困家庭的幼儿没有机会接受教育。由于那些得到政府资助的示范性学前教育机构办学质量高于一般学前教育机构，因此家长想方设法要将孩子送到这些园所。这样，家庭的社会背景就参与到教育机会的分配中来。那些一般家庭和贫困家庭的幼儿被排挤出政府大力资助的优质学前教育机构之后，有稳定收入的工薪阶层尚可以选择将子女送到收费适中、教学质量尚可的其他学前教育机构中，而很多低收入的家长就只能选择将子女送到收费相对低廉的民办学前教育机构中去。而这些收费低廉机构的教育状况也往往是令人担忧的。

2. 将学前教育资源的配置倾向于弱势群体是应然之举

由以上对学前教育配置不均问题的剖析可见，无论是从地区财力来看，还是从个人的社会经济能力来看，我国政府的政策实质上是将有限的教育资源分配给了处于优势地位的少数群体，并且正在以"效率优先"的原则追求着教育质量的提高。但是，以牺牲多数弱势群体的利益为代价而使少数优势群体的利益最大化、以牺牲教育公平为代价而实现对教育质量的追求是得不偿失的，这是与我国建立"和谐社会"的目标相抵触的，也是与国际上政府举办学前教育的通常做法背道而驰的。

同我国一样，世界上任何一个国家的学前教育资源都是有限的，世界上几乎没有一个国家能够由政府全部包办学前教育。而很多国家都主张：在教育资源有限的条件下，应该通过弱势补偿来消除教育上的不公平，即政府应着眼于大的社会生态环境，通过政策的制定与实施，挖掘和调配各种社会资源进入学前教育领域，同时将公共教育资源更多地向处境不利的儿童倾斜，以进行教育补偿。讲起学前教育，美国人常以"开端计划"（Head Start）为骄傲，英国人以"确保计划"（Sure Start）为自豪，其他一些国家也有类似的项目。在开办学前教育机构时，这些国家的政府在教育经费的投入上不是"锦上添花"，而是"雪中送炭"，也就是说，政府拿了纳税人的钱，开办能为社会弱势群体服务的学前教育机构，在最大程度上满足弱势群体在教育子女方面的需求。联合国教科文组织也提倡将弱势补偿作为实现教育公平的基本途径，1989年联合国《儿童权利公约》、1990年《儿童生存、保护和发展世界宣言》等都对教育中的弱势群体表示了关注，对弱势群体面临的教育不公平问题提出了予以纠正的要求。

我国是一个教育经费严重不足的国家，教育经费只占世界教育经费总量的1%，却被用来教育占世界20%的教育对象，而在这些公共教育经费中，只有1.3%左右的经费被用于学前教育。增加对为弱势群体服务的学前教育机构的经费投入，是实现教育公平的重要措施。

（1）弱势补偿是对目前学前教育不公平的补救，它将使一些本来没有机会接受学前教育的儿童获得受教育的机会，或者使一些已经接受教育但仍处于不利境况的幼儿能够获得接受更好教育的机会。能使面临诸多待遇有落差的弱势群体至少在教育上获得一些社会支持，因而有助于社会的稳定。

（2）将公共教育资源更多地投向为弱势群体服务的学前教育时，也意味着政府将同时通过政策调控把一些面向社会优势群体的学前教育机构推向市场，促使它们通过市场"优价"的方式来解决经费问题，同时也将吸引社会力量对学前教育进行投资，为我国的学前教育事业筹集更多非公共性质的资金，这也就等于把我国教育经费不足的问题借助于市场和社会的力量直接解决了。诚然，在这种政策调控下，那些社会优势群体会被要求支付较多的费用，但是因为这些机构提供的服务相对来说都是比较优质的，因此这不仅公平合理，而且很多支付者也是愿意的。

（3）倘若追求学前教育的长远效益，那么将教育资源更多地分配给弱势群体是一个必然选择。管理学中有一个"木桶理论"，即一只木桶的容量取决于木桶最短的那块板的高度。系统功能理论也有与此类似的观点，即系统的功能取决于系统中功能最弱的环节。同样，一个社会人口的整体素质和竞争能力必然要受到社会弱势群体素质的巨大制约，尤其是当弱势群体规模较大的时候。因此，弱势群体的素质问题不解决，人口整体素质和国民竞争能力的提高就难以真正实现。而国家举办学前教育的最终目的是为了追求人口整体素质的提高，那么，权宜之计就是通过教育补偿使弱势群体获得提高的机会，这样学前教育才有可能获得更高的长远效益。

因此，"弱势补偿"的教育均衡化策略应当被列为我国各级政府在统筹规划学前教育资源时的重要原则。这一原则一旦确立，必然带来一系列教育政策制度的改革与调整。

①改革政府的学前教育经费投入体制，从宏观上考虑制定行之有效并能充分体现学前教育均衡化要求的经费保证政策。要制定学前教育生均最低拨款标准，在地方政府经济实力有限的情况下，应由国家和省级财政予以保底，同时国家的拨款政策还要向农村和贫困地区的学前教育机构倾斜。

②明确学前教育资源均衡配置是各级地方政府的责任，并建立相关的政府问责制度。

③各级地方政府不要过分强调对示范性学前教育机构的评定及着重扶持，特别是不要将示范性学前教育机构的建设作为"政绩工程"来做。

④政府要重视并大力举办和资助以下岗工人、民工等弱势群体的子女为服务对象的学前教育机构。对于一些已经存在的、服务于弱势群体但办学质量又不达标的学前教育机构，政府应投入更多的资源以帮助这些学前教育机构去改进和完善保教工作，进而帮助它们发展壮大，从而为更多的弱势群体服务。

⑤大力发展民办幼儿教育，走政府以承担学前教育公平为主要任务、民办教育以承办高质量学前教育和特色学前教育为主要方向的路线，在实现教育公平的同时兼顾教育质量。

3．学前教育公平的实质性实现，需要课程政策的差别对待

值得注意的是，当学前儿童在教育资源的占有上获得公平时，并不等于学前教育公平性的问题已经解决了。事实上，有很多人，包括很多学者，都将教育公平仅仅界定为"公民能够自由平等分享当时、当地公共教育资源的状态"。但是，教育资源分配均衡只是教育公平的外在形态，教育公平的独特性还在于受教育对象具有明显的个体差异，公平的教育应该正视这种差异而进行有差别的因材施教。这正如著名学者莱尹提出的"差别对待"原则和处理差别的"切合性"原则，即以适当而又切合的方式对存在差别的个体实行差别对待；同样，也正如联合国教科文组织国际教育发展委员会所指出的，"给每个人平等的机会，并不是指名义上的平等，即对每一个人一视同仁，如目前许多人所认为的那样。机会平等是要肯定每一个人都能受到适当的教育，而且这种教育的进度和方法是适合个人的特点的"。这就是说，在保证儿童获得基本的受教育权利后，还要根据不同儿童的个体差异施以与之相匹配的教育，即同样情况给予同样对待，不同情况给予与"不同"成比例的不同对待。如果能够实现这样的教育，那么教育就在真正意义上实现了公平。

学前教育的公平性问题不仅仅是一个资源的占有和分配的问题，更是一个关乎教育内容和课程的问题。我们不能将学前教育的公平性简单地理解为让所有学前儿童都能进入学前教育机构并接受同样的课程，而应理解成不仅要为每个学前儿童提供受教育的机会，同时还要为他们提供接受适合他们情况的有所差别的课程。

世界上并不存在一种以所谓"正确的教育理念"为指导的最好的教育方式。在不少幼儿，尤其是在经济较发达地区的幼儿身上行得通的课程，并不一定能适合那些处于不利境况的幼儿。所以，在通过资源倾斜政策使处于弱势地位的幼儿获得最基本的受教育权利后，倡导用一种所谓"正确"的理念和实践来对他们施加教育，事实上反而增加了这些幼儿在今后教育阶段处于弱势地位的可能性。可以说，这种追求无差别对待的课程政策非但没有削弱学前教育不公平现象，反而正在扩大学前教育的不公平。因此，在对待学前教育公平这个问题时，一定要做到因地制宜、因人制宜。我们反对无视地区和幼儿群体之间的差异而要求学前教育机构完全按照一种所谓合乎标准的幼儿园课程行事，相反，我们提倡课程政策上的差别对待，提倡发展适合不同地域和人群的幼儿园课程。只有这样，才能实现真正意义上的学前教育公平。

三、国外学前教育政府机构发展的特征

教育全球化是人类基本需求推动的结果，是历史必然的趋势，它体现为各国、各民族和各种不同文明体系之间在教育思想、制度、方法和机构上的某种趋同。各国学前教育在全球化的背景下，在学前教育本身的特性以及发展需要等因素的

影响下，机构发展表现出了一些趋同的特征。

1. 政府对机构建设增加投入

学前教育是争取教育权利的教育民主化的一部分内容，许多国家从政策、资金等多方面对学前教育机构的建设增加投入。

（1）关注处境不利的儿童许多国家纷纷针对处境不利儿童建立了相应的法律机制和提供了较大的财政支持。如英国1966年颁布《普洛登报告》，指出在教育不发达地区设立"教育优先区域"；2003年颁发绿皮书《每个孩子都重要：为了孩子的变化》，2004年颁发《儿童法》，进一步强调每个孩子都不能被忽视，缩小处境不利儿童与其他儿童的差距。美国在20世纪60—70年代先后建立多项补偿教育方案，如著名的"提前开始"与"追随到底"方案，帮助家庭经济困难的父母把子女送入托幼机构，为幼儿提供补偿教育。美国的《社会保障法》增添了向低收入家庭提供孩子入托补贴的条款，1992年这方面经费支出已达15亿美元；美国从1998年开始，"国家开端教育计划"所有教育方案的年度预算超过44亿美元，为794000个低收入的儿童与家庭提供服务。在瑞典，所有0~6岁幼儿的教育是完全免费的。韩国学龄前儿童在入学前可享受一年的幼儿教育。德、法两国幼儿园根据父母的收入情况来收费，有效地解决了贫困家庭儿童的入园问题，也保证了学前教育机构的健康发展。

（2）鼓励机构的多元发展国外学前教育机构的供给途径有国家教育部门、地方政府、社区、教会、慈善团体、学校、企业、私人等。如德国的幼儿园，不属于国家的学校体制，而属于青少年福利救济事业，主要由教会、福利联合会、乡镇负责举办幼儿园，也有企业和协会办的幼儿园，其中私人办园占有很大比重。据统计，1975—1990年间，世界私立幼儿园入园率平均增长了74%，并呈增长发展趋势。这在很大程度上得益于各国政府对私立幼儿园采取的扶助、支持和加强管理的办法。美国相继颁布了《儿童保育法》（1979年）、《儿童早期教育法》（1990年）、《儿童保育和发展固定拨款法》（1990年）、《美国2000年教育目标》（1994年）等法律、法令，日本也颁布了《幼儿园保育及设备规程》（1899年）、《幼儿园令》（1926年）、《学校教育法》（1947年）、《幼儿园教育大纲》（1955年）、《幼儿园设置标准》（1956年）、《幼儿园教育要领》（1964年）、《新幼儿园教育要领》（1990年）等法令、法规，使私立幼儿园有法可依、有章可循。并且，美、日等国也通过经费资助和税收优惠对私立幼儿园提供经费资助，推动了美、日私立幼儿园的健康发展。

2. 机构适应更高的教育需求

随着整个社会和学前教育的发展，人们对学前教育机构在种类、功能和质量上都提出了更高的要求，对学前教育机构的发展提供了契机，同时也提出了挑战。

（1）种类要多样从适应家长不同需要的角度出发，根据幼儿在园时间的长短，学前教育机构包括寄宿制、全日制、半日制、计时制等。加拿大为方便临时外出办事的家长的需要，开办了临时托儿所。印度政府的一项法规根据建筑工人流动性强的特点，要求印度每一建筑工地都要为建筑工人子女专门开办"流动幼儿园"。美国则为双职工子女设立了供午餐和午休的日托学前教育机构。根据幼儿生理、心理及年龄的不同特点，除了为一般儿童开办的托儿所、幼儿园外，还有专门为照顾、教育和治疗残疾儿童开办的特殊"残疾儿童中心"（如在加拿大），为智力低下或聋哑儿童开办的特殊幼儿园（如在西德），以及为适应低幼年龄儿童发展的需要，法国试办的"温和过渡"（该机构招收16个月至5岁的儿童，目的是使儿童逐渐习惯离开家庭到幼儿小集体中来。）和"小小俱乐部"等机构。

（2）功能要完善

①要实行保教结合

20世纪60年代以来，托幼机构的性质开始发生变化，逐渐由仅限于保育发展成为集保育和教育功能为一体的幼儿社会教育机构，例如，法国招收2～6岁儿童的托幼机构"母育学校"，在历史上以贫穷家庭子女的健康与安全照料为主，时至今日已发展成为社会性、教育性与补偿性三种功能并重的机构。日本的"幼保一体化"综合机构（又称为"认可的儿童园"）根据儿童的年龄特点进行教育，还注重为幼儿提供包括游戏和饮食在内的适合幼儿成长的弹性环境。在日本政府的积极推动下，综合机构发展较快，到2007年8月，全国已设立100所综合机构。日本政府拟在2008年度设立1000所类似的综合机构。

②要做好幼小衔接

学前教育除了注重幼儿身心发展，也注重为幼儿进入初等教育阶段做准备，而其主要目的在于力图解决好幼儿园与小学的衔接问题。近年来，欧美各国政府都非常重视为儿童做好入学准备。美国政府在1989年就提出了"到2000年所有的美国儿童都要为进入学校学习做好准备"，而学校应该是"有准备的学校"。为实现"有准备的学校"，各国最普遍的学前教育机构就是"小学预备班"，或称"小学幼儿班"（英国），其主要特点是将5岁左右幼儿的教育纳入正规学校教育体系的最初一级，即初等教育。一些国家则试图通过改革学制，设置跨越儿童期与幼儿期的教育机构，以实现幼小的教育衔接，如日本正试行"四·四·六"体制的改革试验计划，儿童4岁进入幼儿学校（4～8岁），而后再接受4年小学和6年中学的基础教育；荷兰目前也计划设置专门的机构，将4～7岁儿童的教育有机地衔接起来。

③要提高教育质量

从20世纪80年代开始，高质量的幼儿教育成为托幼机构的追求目标。美国早期教育协会颁布了一个关于高质量的托幼机构教育的认证标准（1984年颁布，1991年修改），这个标准以及作为这个标准的核心概念——发展适宜性教育在全世界影响相当广泛。在此推动下，各国都加强了对托幼机构教育质量的评价与研究工作。提高教育质量的要求决定了对师资水平的要求也会提高。国外特别是发达国家学前教育机构对师资的要求一般都比较高。美国幼儿园一般要求教师具有大学学历，不少具有硕士学位或博士学位的人也从事幼儿教育工作，有些州规定对教师进行定期考核并形成制度。法国的学前教育师资由省级师范学校培养学制已由2年延长为3年，并且对在职学前教育师资的培训很重视，并形成了一套制度。英国教育法规定合格的学前教育师资必须是读完教育学的学士学位获得者，同时要取得教师资格证书，并且要求入学前有半年以上从事学前教育的实际工作经验。

3. 机构发展呈一体化趋势

托幼一体化应当是托儿所、幼儿园两类教育机构在一体化管理的基础上，充分利用家庭、社会和托幼机构的资源，整合教育优势，形成教育合力，对0～6岁婴幼儿实施全面的保育和教育。

（1）加强0～3婴幼儿教育随着脑科学研究的新进展，婴幼儿早期教育越来越受到国际社会的广泛关注。新西兰1993年启动了3岁前婴幼儿教育的国家计划——"普卢凯特"计划，又在《面向二十一世纪教育》报告中明确提出："教育必须从出生开始。"英国1997年开始实施"良好开端"计划。美国1995年将开端计划的服务对象延伸到3岁之前的婴儿、学步儿童及怀孕妇女，成立了开端计划早期项目，2001年"不让一个孩子掉队"法案提出教育要从婴幼儿抓起，2002年又提出"良好开端，聪明成长"，致力于解决三个方面的问题：培训启蒙教育师资，制定婴幼儿早期教育质量标准，为父母、教师和婴幼儿照料人员提供最新研究成果和信息。

（2）密切家、园、社合作

20世纪90年代以来，各国都越来越重视幼儿园和家庭以及社区的合作。日本的《幼儿园教育要领》第三章指出，"幼儿园要十分注意与家庭的联系与合作"。各国的幼教机构都重视和家长建立良好的家园联系，通过"家长开放日"，使用"家长手册"和"家长布告栏"，定期发放"幼儿园通讯"等方法使家长了解幼儿的在园表现。美国"开端计划"的参与人员既有教师、保育员、大学生，又有家长、医生、护士，还有营养专家、社会事业家、教育学家和心理学家，但以教师和保育员为主。《家长手册》（Parent Handbook）是美国学前教育机构与家庭建立合作伙伴关系的第一条通道。

（3）形成一体化管理

学前教育机构的一体化管理涉及政府、机构、行政以及教育。托儿所—幼儿园联合体是俄罗斯学前教育机构的重要组成部分，其确立了整体性和连贯性的教育原则，对儿童实行统一、一致的教育影响；在行政体制和办学体制的管理上，兼取托幼之长，形成综合性的管理体系，实行联邦、共和国和地区的三级管理，并对各自的管理权限和职责做了规定，将宏观管理、具体管理和微观管理紧密结合起来。2007年初美国参众两院分别提出了新的立法修订案，即《开端计划入学法》和《2007年改进开端计划法》，将针对美国0～5岁儿童的保育体系与早期教育体系相互独立、目标不够统一的体制问题，对开端计划的管理模式进行改革。在联邦政府层面，既要保持联邦政府的责任，也要强化州政府在学前教育中的责任。联邦政府还曾提出把开端计划纳入各个州的学前教育体系，由州政府统一协调发展的建议。如2003年美国布什总统就提出在维持目前标准的前提下，经美国教育部和健康与福利部批准；可以由州负责开端计划。

一些国家相继建立和发展了"以社区为基础的整合性早期服务机构"，如英国有"早期儿童优质服务中心"，澳大利亚有"新型儿童服务中心""儿童保育和家庭支持轴心策略"和"家庭和社区振兴策略"，日本有"社区育儿支援中心""幼儿教育网"和"幼儿教育中心"。这些机构以社区为基础、整合运行、早期儿童服务功能、指向儿童及其家庭和社区。这种整合性的早期教育服务模式也是学前教育机构一体化发展的产物。

第三节　以体系为依据学前教育专业人才培养模式的改革

一、重新定位学前教育专业人才培养目标

人才培养目标是人才培养模式中具有指向性的内涵要素。由于培养目标具体规定了专业所要培养的人才应达到的基本素质和业务规格，因此对学前教育人才培养目标的前瞻性调整，成为构建人才培养方案，甚至是专业发展方向的首要和前提。学前教育的最基本特点是：起点低，招收初中毕业生；落点高，培养专科层次人才；学制长，五年一贯学制；定向强，专业定向为高素质幼儿园教师。当前新的背景和形势下学前教师角色定位发生了变化，即学前教师应具有的三种角色：儿童发展的促进者、教育的研究者和不断的自我成长者；对学前教师素质的要求也发生了变化，学前教师要有全面、正确地了解儿童发展的能力，有效地选择、组织教育内容的能力，创设发展支持性环境的能力，领导和组织能力，不断地专业化学习的意识和学习能力等。教育部《幼儿园教育指导纲要》对合格学前教育教师专业素质提出的基本要求是学前教育教师培养工作的重要依据。因此根据学前教育专业人才培养的特征，同时鉴于新课程改革背景下学前教师素质的新要求，在培养目标的定位上应呼应时代发展需求并逐渐回归现实基础，要把握好以下三点：

1. 在培养理念上，确立以社会发展需求为目标，以素质教育为主导，以应用能力的培养为主线，专业理论教育与专业能力培养相结合，师范性与艺术性相结合，体现培养过程的职业性、实践性、高教性和师范性，强调知识、能力、素质的协调发展。

2. 在培养方向上，强调以培养一线的具有较高综合技能素养和较强综合素质的能适应幼儿园教育教学需求的学前教育师资为主。

3. 在培养规格上，突出专业技能培养为本位，适应学前教育改革发展对学前教师专业化的素质要求，达到专业理论知识必需够用，专业技能娴熟会用，实践经验丰富适用。基于此，五年一贯制专科学前教育专业的培养目标应定位为：适应学前教育改革与发展需要的德、智、体、美诸方面全面发展，具有良好的职业素质和文化修养，掌握学前教育的工作规范和基本理论知识，专业技能娴熟，实践与创新能力较强，面向城乡学前教育机构园所从事学前教育教学和管理工作的一专多能的高等技术应用型人才。为准确把握学前教育专业人才培养目标，我们还必须对其知识（基础知识、专业知识），能力（方法能力、社会能力、专业能力），素质（基本素质、职业素质）的内涵有明确的要求。在把握内涵要求基础上进行知识、能力和素质结构的深入分析，并制定毕业的具体标准，以进一步细化与落实培养目标。

二、整体构建学前教育专业课程结构体系

人才培养模式的探索与改革具体体现在教学计划的变革，而教学计划的核心是课程体系。学前教育专业课程设置，应具有时代特征和高教特色，注意融合、吸纳并实践教师教育和职业教育新理念，以就业为导向，以应用实践能力的培养为核心。按照上述人才的培养目标的定位，在课体系的建构中既不能是在原幼师课程基础上增加而成，也不能简单地以现有高师高校学前教育专业的课程思路来建构，要形成具有五年一贯制自身教育教学特征的新颖的课程体系。为此，要从以下几个层面整体建构。

1. 明确五学年课程体系建构的总体思路

五年统筹安排、循序渐进。前三年突出基础性、综合性，体现专业性；后二年突出专业性，体现基础性、综合性。作为办学管理体制我们可以考虑分段实施，实行"3+2"的管理模式，但在制定培养方案与教学计划时，必须要有全面的观点和系统的思想，并按照专业的培养目标，立足于中阶段学生的思维水平和认知水平的身心发展规律，明确各阶段的教学重点和教学内容，把握中两个不同学段的阶段目标与总体目标的一致性，统筹规划五年的教学计划，整体优化纵横关联、逐渐递进的课程结构体系。

2. 建立"2.5+2.5"的层次结构模式

学前教育专业课程体系的建构应体现学历补偿的教育特性，开设相当于高中水平的文化基础课程；体现高等教育体系大专层次课程的特性，开设大学公共课程；体现学前教育专业课程体系的特性，开设教育专业类及技能类、实践类课程。为此要围绕人才培养目标，遵循理论必需够用，实践会用适用的原则，处理好文化基础课、教育理论课、专业技能课、实践实训课等各类课程之间的比例以及在中职、两个阶段合理分配的核心问题。纵观借鉴各地各校的经验与做法，较为合理的是构建"2.5+2.5"的层次结构。所谓"2.5+2.5"的层次结构，是指中专课

程和大专课程的分配比例，把原三年制中专幼师课程和三年制大专课程的内容有机地吸纳进来，通过课程之间的整合、删减、衔接和贯通，用五年的时间基本完成六年的课程任务。

3．建构"四横四纵"的课程结构模型

所谓"四横"是由文化基础课、教育理论课、专业技能课、实践实训课四大类课程横向递进构成整个课程体系的骨架。所谓"四纵"是在"四横"课程类的基础上按照学前教师素质培养课程群、专业理论素养培养课程群、专业技能培养课程群和实践应用能力培养课程群等每一类课程群的知识逻辑体系呈"基础—提升—应用"纵向递进。为此要着力于三个整合：即做好文化基础课的整合，探索初中后教育和高等职业教育的连贯性和衔接；做好文化基础课、教育理论课、专业技能课、实践实训课的整合，形成合理的知识、能力、素质结构；做好必修课与选修课的整合，以适应社会经济与学前教育发展及学生个性发展的需求。

4．实施"全程化"实践教学体系

实践教学又是整个教学体系中的重要组成部分，是与理论教学相对应的教学过程，最能体现人才培养的应用型特色。要强化实践教学，加大实践课程比重，更好地发挥实践教学在专业技能和职业素质培养中的重要作用。所谓"全程化"，就是将学前教育专业发展全程中所有实践教学课程与内容和环节作为一个整体来系统定位、统筹安排，贯穿于学生5个学年10个学期的学习生活中。全程化既是实践理念，实施策略，又是操作模式。从新生入学起就开始接触幼儿园实际并持续而不断深入地了解认识体悟所学专业与职业岗位。通过专业认知、课程教学、校内实训、校外实习、社会实践、专业技能训练与竞赛六大培养内容与途径达到全程化实践教学的目标，即在时间上要全程延通，在空间上要全方位展，在内容上要全面整合，使实践教学与理论教学相辅相成，共同促进人才培养目标的达成。

三、系统改革学前教育专业人才考核评价

标准人才培养的考核评价是人才培养活动的评判环节，制定什么样的人才考核评价标准，直接制约影响到人才培养目标和培养规格的实现。经过五年的培养，毕业生在综合素质、专业知识、专业技能等方面应达到一个什么样的水平？什么样的学生才是合格的毕业生？需要建立一个有别于传统的合格毕业生"准出"标准。随着素质教育和学前教育课程改革的日益深入，以及国家对教师专业化发展的要求，学前教师教育的办学模式、培养模式发生了很大的变化，对师范生的教师综合素质、专业知识、专业技能等方面考核的要求也随之提高。

受传统长期影响，我国师范教育专业人才培养的评价标准单一片面，如评价与考核体系构建不合理，未能体现多元开放化评价理念；考核内涵不明确，未能体现时代性和发展观；考核重点不明确，未能体现学前教师职业的主要特征；考核形式不完善，基本上还是知识化的内容、标准化的答案、分数化的成绩，导致

严重的"千校一面""千人一面"现象，严重制约了我国师范生整体培养质量的提高。因此，要深化人才培养模式改革，必须系统改革学前教育专业人才考核评价标准，建立以促进学生综合素质的全面提高、实践能力和创新能力的发展为目的，以培养学生全面发展的良好素养和创新精神为目标的多元化开放式人才考核评价标准体系。

1. 树立适应教师专业化发展的人才评价新理念

学前教育专业人才考核评价要围绕教师专业化发展的主线，以能力为中心，注重强化实际基础知识和基本技能，并将师范生基本能力的训练与考核，贯穿于整个培养过程的各阶段学习中。要充分考虑学生能力的多样性，采取多元、动态的评价方式，注重师范生的个性发展。要建立融形成性评价和结果性评价为一体的、学校评价和社会评价相结合的多纬度考核评价机制，促进学生的全面素质的养成与实践能力的发展。

2. 实施促进学生的全面素质提高与实践能力发展的开放多元的教育教学模式

以学生发展为中心，注重学生全面素质的提高与实践能力发展的多元教育教学模式改革已成为当前高校教育改革的主旋律。因此要从学生实际出发，按照"精炼课堂教学，强化实践教学，活化课外研学"的思路，建构以学生为中心、以教师为主导的理论教学、实践教学、自主研学相结合的教育教学模式。注重特色，强调个性，因材施教，分层培养，为构建适应教师专业化发展的教师职业技能和职业素质考核体系奠定基础。

3. 探索建立适合学前教育发展需要的教师职业技能考核的标准体系

学前教育的实践性特征，决定了"能不能上手"成为一个合格毕业生最合理的评价标准。所以学前教育学生的职业技能如何是最终检验学生质量的标准。建立体系完整的职业技能考核评价体系，制定考核的内容与要求，考核的方法与步骤，评分的标准与手段，重点考核教师必备的讲、弹、跳、画、字、工六项基本技能和保育、教学、班级管理等专业技能。在此基础上着力构建由知识、能力、素质等方面组成的学生学习质量的评价体系和毕业"准出"标准和制度。对学前教育专业毕业生的技能考核改革在制度和技术上成熟之后，其做法可推广到对毕业生专业理论素养、实践应用能力及综合素质等方面考核。

四、有效建立资源共享、合作互助的组织管理机制

目前，学前教育专业的办学管理体制大多实行"3+2"的分段管理模式：即前三年在中职学校培养，后两年进入学习，整个培养过程是在不同的校区和单位实施。为有效实施培养人才培养，中两个不同的办学主体在实施这一培养模式的过程中是否建立并落实了资源共享与组织协调机制显得尤为重要。从构建中等职业教育和高等职业教育协调发展的现代职业教育体系要求出发，双方也应建立有效沟通机制，要求体系内各种要素作为一个整体协调运作，局部之间相互协调，相

互促进，相互补充，相互强化，形成强大的组织力。为此高校办学必须与相关中职学校建立常态化的合作交流机制，实现教育资源的优化、整合与共享，如师资、设备、实践实训基地、学术资源等方面，真正使"三二分段"的学前教育师资培养过程做到"分段"不"分家"。

1. 强化一体化培养的组织协调机构建立校级领导定期沟通协调制度，成立协调领导机构，由中的校级领导担任组长，由两校的相关专业部门负责人担任成员，开展人才培养模式工作的统筹协调工作。建立工作小组例会制度，成立教学管理协调小组，主要由两校相关专业负责人和教学与管理的相关教师组成，负责对专业教学和与管理进行安排和指导，就专业教学、实习实训、师资培养等工作开展研讨，并在教学管理系统上实施横向衔接，以便加强相同职能的管理部门之间的协同交流，资源共享。

2. 建设中教育一体化培养的教学团队教学团队的建设是确保人才培养模式顺利运行的关键，是人才培养方案最终落实的保障。教学团队以专业带头人为主体、中职骨干教师和教学管理部门共同参与组成。定期不定期地开展教研活动，就课程建设与教材开发、教学模式改革与考核方法创新、学生管理工作等进行专题研讨，推进课程教学改革，有效解决教学与管理中共同关注的问题，同时增强教师对一体化培养模式的理解并具体落实到课程教学过程与管理环节中。通过这一平台切磋交流，达到相互促进，共同进步。

3. 推进中资源的互惠共享如物质资源的共享，从最基本的教室资源到实验实训室的共享、教育实践基地资源的共享以及其他教学设施的共享。还有教学资源的互惠。包括教材资源、课程资源、图书资源、科研资源等。通过中资源的互惠共享，使双方在专业建设、课程建设、实训基地建设、师资建设、科研和社会服务上的协同发展，共同提高。

4. 制定学生活动参与和学业中期考核衔接制度由于在中职学习阶段的"准大学生"的身份和前三年没有高考升学和就业压力以及缺乏高校的范围，可能会对个别主观能动性不强的学生的学习积极性造成消极影响。中通过协同制定并实施学生活动参与和学业中期的考核衔接制度，让他们到对口参观、与学长们结对交流，参加的运动会、艺术节技能节等活动，提前感受高校的学习、生活。同时，在中职阶段学完前三年的课程后进行学业中期考核，考核不合格的学生在转入阶段后参照的学籍管理办法作跟班试读处理，以解决好长学制下学生动力的保持问题。综上所述，学前教育是我国当前倡导的学前教育教师培养的主要模式之一。

随着新时期学前教育事业改革发展和教师专业化发展的要求，我们要从了解国内外学前教育师资培养的最新研究成果和先进经验基础上，对学前教育教师的培养目标、课程体系、运作机制、考核标准等核心要素进行较全面的研究分析，并从实践的角度对这些问题做进一步探索，努力形成具有区域特色多元化的学前教育人才培养模式。

五、学前教育专业美术课程改革实例

近年来中国的教育改革步步深入，但是作为基础教育的学前教育由于幼师学校数量偏少，学生数量少，社会对于幼师的关注少，导致其处于教育的边缘地带。而学前教育专业更由于学历偏低而得不到社会的关注，而一向被传统教育视为"副科"的美术课程改革更是少有人问津。但是学前幼儿教育作为基础教育，是学校教育与终生教育的基础，与其相关的幼师教育也应得到广泛的关注。学前教师作为教育中一支庞大的生力军，其教育质量与基础教育的质量息息相关。笔者以在学前教育几年的美术教学经验对学前教育专业美术课程改革进行探索与研究，力图体新课程标准，使"不同的学生学习不同水平的美术，允许学生以不同的速度学习美术"。

1. 学前教育专业美术教学的特点分析

（1）学生年龄小、起点低、性别单一。学前教育专业的学生年龄总体偏低，多数是高中起点的三年制学生，还有部分中等职业教育的学生基本上是初中起点的学生，年龄多在15~18岁之间。他们入学以前基本上都没有正式学习美术的经历，所以无论在理解能力，审美能力，造型能力等方面都是需要从基础开始培养的。另外由于幼师的特殊性，学生95%以上均是女生，性别的单一性势必对课堂的氛围，教学的组织，学习的主动性等方面造成一定的影响。

（2）学前教育专业所学学科多。学前教育专业不同于其他专业，对学生的培养目标是毕业后能胜任幼儿园教师一职，而学前教师通常需要一人教授多门课程。所以学前教育专业所学学科多，包括音乐、舞蹈、美术、语文、英语、生物、数学、物理、化学，还有心理学、教育学等等，这就决定了学生学习美术的时间有限。

（3）美术教育不同于其他学科。美术教育不同于单纯的理论教育，美术教育不仅要教会学生美术技能，同时还要培养学生的审美能力，创造能力，以及合作意识，提高学生的智力和能力，帮助学生树立正确的价值观、世界观、人生观，美术教育实际上是实施素质教育的途径。

2. 学前教育专业美术课程现状分析

（1）教材不适用。教材是教师教学，学生学习的基础，教材不适用严重影响教学的进行和效果。现行的美术教材就存在一些不适用的状况。首先，现行教材基本上按照培养专业美术人才的要求编写的教学内容，涵盖了较多的美术专业课程内容，然而幼教专业美术课程并非重在培养专业美术教师；其次，教材内容老套，不能满足幼儿园教学活动的多样性和新颖性。

（2）教学模式老化。部分幼师学校美术课程依然延续传统的教学模式，注重培养学生的专业技能，偏重学生的绘画技术培养，而忽视对学生的实践技能和创造性才能的塑造，从而导致学生到了毕业时虽然能画一些不错的画，但是却对幼儿园的美术活动一无所知，更不能根据幼儿的实际情况自行创造设计一次美术活动。

（3）师资匮乏，教学内容与幼儿园实际需求不接轨。目前我国没有专门培养幼师美术教师的学校，所以学前教育专业的美术教师均是毕业于各高校美术专业的高校生或研究生。这些教师在校均是接受专业美术教育，偏重于美术技能的学习，他们缺少对幼儿教育的了解，缺乏幼儿美术教育的实际教学技能。如果青年教师缺乏对幼儿教育的了解，老教师又不能跟随时代的需求，及时更新教学手段和教学技能，那么幼师美术课程的师资就面临匮乏的危机，就不能完成幼师的培养目标，教学内容也不能满足幼儿园的实际需求。

3．学前教育专业美术课程改革途径

（1）针对实际情况合理设置课程

学生培养目标的定位和课程设置是否合理直接影响幼师教育的质量和幼师学生素质的高低。美术是人类情感符号的创造，是人类文化的重要内容。美术教育对于幼儿而言，最重要的意义在于引导幼儿了解社会，了解文化，认识人的情感、价值观等，塑造幼儿具有完美的人格。所以在幼师美术课程中就要培养具有一定的美术知识，有一定的审美能力，有一定的创新能力，让学生塑造完美的人格，培养全面发展的合格的毕业生。

学前教育美术课程的设置和教材的编写要滞后于幼师美术教育的发展。作为学校和教师就应该及时调整课程的设置和教材的编写使用。教材是师生教学的主要依据和基本工具，在当今的信息化时代，新知识、新信息不停地更新，没有任何教材能将某一学科的内容完全覆盖。伴随着知识和信息地更新，教材也不一定是绝对的标准，一本教材包揽天下的局面已经过去。教学内容应该体现先进性和多样化，应该允许不同风格的教材出现，教师在教学过程中，也应适时根据需要补充一些教学内容，以弥补教材的不足。

（2）教学方式方法的更新

作为学前教育专业美术教师，要打破传统的教学模式，体现崭新的教学理念，应该因地制宜、因时制宜地进行教学方式方法的更新，将课堂教学多元化，提高教学质量。例如一年级学生刚入校，美术基础参差不齐，可以采用分层教学法，将学生按照已有的知识、能力、潜力分为几组各自水平相近的群体，分别制定教学目标，有针对性地加强不同层次学生的学习指导。在学生们各自的能力得到一定提高以后，教师可以采取分组教学法，把不同程度、不同特长的学生混编为一组，以小组为单位设计教学任务，这样学生们就会相互学习，合作，取长补短，既学到了知识，也培养了学生们的竞争意识和团队合作精神。

美术课程作为艺体类课程，是素质教育的重要内容，教师一定要打破单一的传统的教学模式，要根据教学内容，教学设备，学生的实际情况以及教师的自身素质选择适合的教学方式方法，才能把美术教育真正落到实处。

（3）学前教育专业学生能力素质要求

①专业能力

a. 专业基础知识。学前教育专业的培养目标是培养合格的幼儿教育工作者，因此，需要掌握的专业知识包括文化基础理论知识、音乐美术基础理论知识和教育基础理论知识三大部分：第一，文化基础理论知识包括：思想道德修养与法律基础、毛泽东思想和中国特色社会主义理论体系、形势与政策、英语、大学体育、大学语文、计算机基础等；第二，音乐、美术理论基础知识包括：乐理、视唱练耳、音乐欣赏、绘画基础等；第三，教育基础理论知识包括：教育学、心理学、教师口语、艺术活动设计、教学法、现代教育技术等。

b. 专业技能

b1. 音乐、舞蹈专业技能

①演唱能力：具有一定的声乐演唱能力，能够运用科学的发声方法进行歌唱。能够对作品进行分析和处理，具有一定的范唱能力和童声嗓音保护知识。

②乐器演奏能力：包括键盘（钢琴、电子琴、手风琴）乐器与其他乐器（民族乐器、节奏乐器）演奏和为歌曲伴奏的能力。

③弹唱能力：具有自弹自唱能力，能够做到弹唱配合协调，具有较强的表现力。

④舞蹈表演与创编能力：具有一定的舞蹈基本功，能够进行儿童舞蹈的教学与创编。

（2）美术专业技能

①绘画能力：具有一定的绘画知识和技能，能够进行儿童绘画、想象画的创作与教学。

②手工制作能力：具备剪纸、泥塑、剪贴画等手工制作能力。

③环境设计能力：能够独立进行教室或园内环境布置，具备较强的创新能力。

（3）教育心理学技能熟悉幼儿教育理论，了解儿童心理与生理特点，具有儿童教育、教学和保健能力。

（4）教育技能

①具有扎实的教师基本功：具备学前教师素质与能力，获得各种教育证书（包括普通话合格证、计算机二级证、外语四六级证、教师资格证等）的能力。

②教学组织能力：具有音乐、舞蹈、美术等艺术教学所需的基本理论知识和技能，了解艺术课教学的一般规律；具备较强的语言文字表达能力和课堂教学的组织能力，能利用现代教育技术和手段进行教学。

③艺术活动设计能力：能够根据儿童兴趣与爱好特点进行艺术课的教学与活动设计，如舞蹈编排、音乐游戏、演奏、演唱指导、环境设计等。

第四节　以信息化为依据学前教育专业人才培养模式的改革

一、学前教育信息化的内涵解读

随着现代信息技术在家庭教育、幼儿园和学校教育等教育各环节的不断渗透，儿童使用信息技术已日趋普遍。"无论是美国、英国、澳大利亚，还是印度、新加坡、香港等国家和地区，信息技术都在如火如荼地浸入儿童的教育环境。信息技术为儿童提供了表达自我、理解世界、游戏与交流、探索环境、解决问题的途径和工具"。

在高度发达的信息化社会中，"培养儿童对媒介信息的批判意识，发展儿童辨别媒介真实与社会真实的能力、引导儿童理性地应用媒介技术就显得尤为重要。""当信息化研究从城市走向农村、从高校覆盖到中小学，几乎遍及教育实践中的各个领域时，学前教育的信息化建设问题却较少引起人们关注。"尽管我国也积极开展了学前教育信息化实践，取得了一些成绩，但却很少有人对学前教育信息化问题进行理论探讨，更没有人对"学前教育信息化"的概念或内涵进行明确的界定。在查阅文献过程中发现，较早的一篇涉及学前教育信息化方面的论文是2004年河北大学刘彤的《计算机技术在美国幼儿园教学活动中的应用》一文；接着在2006年，由华东师范大学郭力平老师指导的硕士论文《信息技术对学前教育的影响》正式开始了学前教育领域中对信息技术的研究；2007年，"学前教育信息化"一词正式在学术论文中使用[①]。截至目前，以"学前教育信息化"为题的文章也不到20篇，且研究的地域大多是东部发达地区。对"学前教育信息化"内涵的正确理解有助于学前教育信息化健康可持续的发展，因此，探讨学前教育信息化内涵具有重要的理论价值与现实意义。

1. 学前教育信息化的概念

学前教育信息化是教育信息化的重要构成，也是国家信息化的组成部分之一。要正确认识学前教育信息化，必须从国家信息化和教育信息化入手。

（1）国家信息化

1997年4月召开的全国信息化工作会议将国家信息化定义为：在国家统一规划和组织下，在农业、工业、科学技术及社会生活各个方面应用现代信息技术，深入开发、广泛利用信息资源，加速实现国家现代化的进程。2002年，经国务院批准，原国家计委会同有关部门编制的《国家"十五"信息化重点专项规划》提出了国家信息化的内涵体系，指出"信息化是以信息技术广泛应用为主导，信息资源为核心，信息网络为基础，信息产业为支撑，信息人才为依托，法规、政策、

---

①刘珍芳：浙江省学前教育信息化现状的调查分析及对策研究，电化教育研究［J］.2007.08.

标准为保障的综合体系"。我国的国家信息化体系包括信息技术应用、信息资源、信息网络、信息产业、信息人才以及信息化政策法规和标准规范六个要素。

（2）教育信息化随着国家信息化工作的推进，我国教育技术学者也提出了教育信息化的概念，并对其进行了深入探讨。据统计，关于教育信息化的概念界定已有17种之多。"所谓教育信息化，是指在教育中普遍运用现代信息技术，开发教育资源，优化教育过程，以培养和提高学生的信息素养，促进教育现代化的过程。"

"教育信息化是指在教育与教学的各个领域，积极开发并充分应用信息技术和信息资源，培养适应信息社会需求的人才，以推动教育现代化进程。""教育信息化是指在教育领域全面深入地运用现代化信息技术来促进教育改革和教育发展的过程，其结果必然是形成一种全新的教育形态——信息化教育。"

从以上学者对教育信息化的概念界定来看，教育信息化是一个动态的发展过程，是现代信息技术在教育领域的广泛应用过程，是一个开发利用信息化教育资源、优化教育教学过程，最终推动教育的改革和发展，培养适应信息社会要求的创新人才的过程。教育信息化是教育行业的信息化，同样"包含信息资源、信息网络、信息技术应用、信息技术和产业、信息化人才以及信息化政策、法规和标准等六个要素。"

在现阶段，不同层次的教育因其肩负的责任不同和信息化发展水平不同，其信息化发展的重点也会有所差别。义务教育阶段的信息化强调要均衡发展，缩小数字鸿沟，培养学生自主学习、终身学习的能力，提高信息素养。因此主要包括"信息设施的建设、信息资源的开发和信息技术教育的开展"等三个方面。在未来的十年中，要"以促进义务教育均衡发展为重点，以建设、应用和共享优质数字教育资源为手段，促进每一所学校享有优质数字教育资源，提高教育教学质量；帮助所有适龄儿童和青少年平等、有效、健康地使用信息技术，培养自主学习、终身学习能力。"

高等教育肩负着人才培养、知识创新和社会服务三大职能。因而高等教育信息化建设的主要内容包括信息基础设施建设、信息资源建设、信息技术应用、科研与管理信息化、后勤保障体系信息化等。在未来的发展中要"进一步加强基础设施和信息资源建设，重点推进信息技术与高等教育的深度融合、促进教育内容、教学手段和方法现代化，创新人才培养、科研组织和社会服务模式，推动文化传承创新、促进高等教育质量全面提高。"

（3）学前教育信息化

学前教育因其对象特有的身心发展特征以及学前教育事业的特殊性质，从而决定了学前教育信息化的独特性。学前教育的主要功能和任务是：对幼儿实施全面发展的教育，为幼儿入小学做准备，为幼儿一生的发展打好基础。"幼儿的学习是以直接经验为基础，在游戏和日常生活中进行的。要珍视幼儿生活和游戏的独特价值，充分尊重和保护其好奇心和学习兴趣，创设丰富的教育环境，合理安排一日生活，最大限度地支持和满足幼儿通过直接感知、实际操作和亲身体验获取经验的需要。"

根据学前教育的特点和教育信息化的内涵，学前教育信息化是指，在学前教育中恰当地运用信息技术，开发适宜幼儿学习的数字化教育资源，优化学前教育教学活动，培养幼儿的信息素养，促进幼儿的学习和发展的过程。其中，恰当地应用信息技术是学前教育信息化的本质特征，开发适宜幼儿学习的优质数字化教育资源是学前教育信息化的基础，优化学前教育教学活动是核心，培养幼儿的信息素养、促进幼儿学习和健康发展是根本目的。

学前教育信息化强调"适宜性"，这是区别于中小学教育信息化的鲜明特色。"适宜性"理念是由美国幼儿教育协会（National Association for the Education of Young Children, NAEYC）在学前教育出现较为严重小学化倾向的背景下提倡的在尊重儿童基础上促进儿童发展的一套价值理念。同样，学前教育信息化的发展不能完全套用中小学教育信息化的模式，这会造成学前教育信息化的"小学化"倾向。学前教育信息化不是必须要求每个幼儿园必须建立计算机机房，而是根据园所实力进行合理布局，为幼儿的学习发展构建有效的环境；不是让幼儿必须掌握过多的信息技术知识和技能，而是对他们进行信息素养启蒙；不是让学前教师必须具备高级的教育技术知识和技能，而是根据课程需要，善于抓住幼儿学习时机，利用一切可能的信息化资源优化教学过程。因此，学前教育信息化是有别于中小学教育信息化的，它更多是从幼儿的身心发展需求出发。

2. 学前教育信息化的内容框架

深入分析学前教育信息化概念内涵，可以看出学前教育信息化主要包括以下几个方面的内容：

（1）配备适宜的信息化基础设施。信息化设施建设是实现学前教育信息化的基础和前提，在进行信息化设施建设时要把儿童的身心健康放在第一位。应充分考虑幼儿的年龄特征，以幼儿的全面、健康发展为根本。建设网络设施和开展信息技术活动时，应采用辐射小的网络信息技术设备，多媒体教室应布置为环保型，保护幼儿身体健康。

《上海市托幼园所信息化教学环境建设配置要求》（沪教委基〔2011〕88号）中对幼儿园所的基础信息设备配置要求为：每个幼儿园均要实现宽带/专线接入，并可在班级内上网。示范园和各区县信息化实验园可按需实现内部无线网络覆盖。每个幼儿园要求至少配备1个多功能活动室，示范园和各区县信息化实验园可按需配备电子白板、视频会议系统。示范园和各区县信息化实验园可按需配备多媒体资源室，提供可访问连接互联网或区教育网、园所内部资源的电脑，供教师或幼儿、家长访问相关多媒体资源。

在我国，学前教育不属于义务教育的范畴，相对义务教育阶段的信息化来说，学前教育阶段信息化资金投入非常有限，需要靠幼儿园所自身筹备或者社会力量的支持，这也是当前制约学前教育信息化发展的重要因素之一。进行学前教育信息化就需要一定的信息化设施和装备，这些设施不仅要发挥信息化的功效，更要确保对儿童身心健康发展的最大保护，体现人文关怀。

（2）建设适合的信息化。资源信息化资源建设是学前教育信息化的重要内容。要保证学前教育信息化的顺利进行，必须为幼儿、学前教师、幼儿家长及管理者提供高质高量的信息化资源。在学前教育领域，开发适宜幼儿学习的数字化教育资源，主要包括教育游戏软件、专题学习网站、娱乐网站等。适宜幼儿学习的数字化教育资源可以使幼儿投入到创造性游戏、知识吸收、问题解决和互动交流中，既能帮助儿童巩固已有的知识和经验，又激励他们探寻未知世界，迎接新的挑战。尽管有条件的幼儿园已建立网站主页，但网站的作用还只是集中在幼儿园宣传、教师间分享教学信息、教师与家长之间的互动。与发达国家相比，我国的教育信息化资源共建共享水平低，区域发展不平衡，未来发展的关键在于提高水平、共建共享。信息化最大的优势就是借助网络能够实现资源的共建共享，能够推动教育的均衡发展。优质资源的共建共享也有助于学前教育的均衡发展，突破时空限制，实现信息高速流动。政府应当借助学前教育信息化，大力推进区域内幼儿园之间的交流互动和资源共享，大力提高农村地区、经济欠发达地区、少数民族地区、边疆地区幼儿园优质教育资源的可利用度，发挥跨区域园际互动的效能。

目前已有的学前教育信息化资源形式主要包括幼儿教育资源库（满足幼儿园教学需要）、专题学习网站、教师博客、各园课件制作素材库等。但专门为幼儿提供学习的网络资源较少，适合幼儿学习和发展的软件开发技术和理念在国内还很不成熟。相比之下国外的儿童教育及社交网站已经发展的较为成熟，单从数量上来看，美国儿童网站约为中国儿童网站的10倍。且国外儿童网站的分类较为合理，细化程度高。国外的儿童网站划分为教育类、娱乐类和成年人类（老师和家长）三大类。其中教育类下又分动物、艺术、数学、音乐、科学、太空等六小类，娱乐栏目下又细分为活动、涂色、连环画、手工艺、女孩乐园、在线游戏、故事等七小类。在国外，还专门有为儿童开发的搜索引擎。面向儿童用户的搜索引擎能够帮助儿童更快捷地找到所需信息，同时在一定程度上避免儿童接触不良信息。英美等国家在儿童搜索引擎方面的研究积累了较为丰富的经验，有着较为成功的案例，在数据库建设、页面设计、检索功能等方面颇具特色，如KidRex（专门为孩子定制的Google搜索引擎）（http：//www.kidrex.org/）[①]。我国的学前教育信息化资源建设可以借鉴这些经验，设计开发适合我国幼儿、教师及家长使用的信息资源。

---

①周小虎，赵然. 英美两国学前教育政府职责的比较及其启示——教育政策法规的视角 [J]. 外国教育研究，2010（3）.

（3）培养较高信息素养的幼儿园教师。要用好信息化基础设施和资源，必须有高信息素养的幼儿师资队伍。信息素养高的幼儿园教师，能够恰当地将信息技术与活动课程进行整合，在适当的时候引导孩子在活动与游戏中掌握信息技术。因此，幼儿园教师的信息素养成为实现学前教育信息化的关键。学前教师的信息素养提升需要通过职前教育和职后培训的共同努力，在当前及今后的很长一段时间里，职后培训将占主导地位。信息时代对教师和领导者信息化教育能力所提出的要求，需要我们从现在做起，努力提升学前教育领域中相关教学人员及管理人员的信息技术能力与素养。各级教育培训要有针对性地发挥作用，不只是在纯粹技术这个层面关注教师对现代技术的掌握，更重要的是要让教师明确技术与儿童发展及教育的基本关系，哪些对幼儿是适宜的。要提供信息技术与课程整合的理念、策略及典型范例，要让教师能够在早期教育情境中自如地、适宜地应用好信息技术。《幼儿园教师专业标准（试行）》中，将"具有一定的现代信息技术知识"作为对学前教师"通识性知识"领域中的一项基本要求。但这个要求是粗线条的，可操作性不强，没有明确的说明。近年来在一些地市出台的学前教育信息化建设规范或幼儿园等级评价指标中，都把教师的信息技术能力作为重要的衡量标准，要求学前教师参加过信息技术相关的培训，通过一定的计算机等级考试等。

作为各地市主抓学前教育工作的管理者及园长也应该具备一定的信息意识，在某种程度上来讲，幼儿园的管理者与领导者具备一定的信息意识，重视学前教育信息化的建设时，会从根本上推动幼儿园行政管理工作的信息化，从制度上保证学前教育信息化的顺利推进，也会为学前教师参与信息技术培训提供更多的机会。

（4）利用信息技术优化学前教育教学活动过程。学前教育信息化的核心是利用信息技术优化教学活动过程，即教师在幼儿主题活动中借助现代信息技术手段，为幼儿创造数字化的学习环境，创设主动学习情景，支持幼儿学习与认知，促进幼儿发展。

信息技术就像是纽带或桥梁，将幼儿园的健康、语言、科学、社会、艺术等五大领域课程融合到一起，互相渗透，实现幼儿园五大领域课程之间的整合。同时，将信息技术融合到幼儿园的各种活动，尤其是游戏和教育活动中，使之成为儿童学习环境的一部分，成为儿童学习和游戏的一个有机组成部分，实现信息技术与幼儿园课程的整合。通过整合，可以帮助儿童建立对计算机的感性知识，使儿童了解计算机在日常生活中的应用，培养儿童学习、利用信息技术的兴趣和意识。在实践中，许多一线教师已经将信息技术应用于对幼儿园的各种主题教学活动中，如科学教育、英语学习、阅读培养、艺术美感教育以及情感教育等。有的研究者将信息技术与幼儿园课程整合的模式和环节概括为："Storytelling（讲故事）、Motivation（激发学习兴趣）、Groupdiscussion（小组讨论）、Drill（强化训练）、Game（游戏活动）、Instruction（导出主题）、Portfoliomaking（制作学习档案）、Evaluation（评价）。"

（5）制定学前教育信息化政策、法规与标准。信息化政策、法规与标准的制定是保障学前教育信息化健康发展的必要手段。根据我国当前教育发展水平及地域经济水平的差异，我国的学前教育信息化不可能一蹴而就，且不同地区应建立与本地经济水平相符的信息化建设标准，学前教育信息化应有步骤、有计划地逐步推进。发达地区学前教育的信息化建设工作始终走在全国前列，中西部地区的学前教育信息化政策和标准的制定也取得初步成效。2008年，北京市制定《北京市学前教育信息化行动计划（2008—2010年）》，行动计划以提高幼儿园教育质量、提高教师信息化水平与运用信息化手段提升教育能力，引导家长掌握科学育儿的知识为主要目标。2011年，《上海市托幼园所信息化教学环境建设配置要求》发布，从园所网络环境配置、园所基本配置到班级信息设备配置都提出了具体要求：幼儿园除了配备1个多功能活动室，示范园和各区县信息化实验园可按需配备电子白板、视频会议系统；示范园和各区县信息化实验园可按需配备多媒体资源室，提供可访问连接互联网或区教育网、园所内部资源的电脑，供教师或幼儿、家长访问相关多媒体资源；建议每园配备一定数量的笔记本电脑，提供给教师用于移动办公和外出学习培训使用。2012年12月，河南省教育厅印发《河南省幼儿园办园基本标准（试行）》（豫政办〔2012〕169号），标准中将电视机、DVD、录音设备等现代信息技术产品作为园所的必配设备，而办公计算机、打印机、数码相机、摄像机、投影仪、视频展示台、广播系统等较高一级的多媒体设备则根据园所的经济实力选配。

当前及今后的很长一段时间，学前教育信息化政策、法规和标准的制定将是发展我国学前教育信息化的重要工作，全国和各地区应大力加强这一环节的研究，为顺利推进我国的学前教育信息化建设提供保障。

（6）发展学前教育信息化。产业教育信息化产业是教育信息化的要素之一。我国学前教育信息化总体处于起步阶段，困难或障碍并不只是在于投入和技术本身，专业人员、专业内容以及专业产品与服务严重匮乏。电子白板和数字电视在少数条件好的幼儿园开始使用，但起的作用有限；基于信息技术和其他高科技的儿童学习工具的设计和开发专业化水平不高。

目前研制符合学前教育特点、适合在幼儿园所使用的信息化设施和装备还未专业化、产业化，绝大多数的信息化设施建设还是按照中小学、高中，甚至高校的标准。我们要发展学前教育信息化产业，就要生产适宜于学前儿童使用的设备与资源。

（7）利用信息技术促进幼儿园、家庭及社区间合作。学前教育中的家园共育、幼儿园与社区间、家庭与社区间的合作是幼儿教育的一大特色和重要组成部分。利用信息技术促进幼儿园、家庭及社区间合作是学前教育信息化的重要特色，学前教育信息化不仅是幼儿园内的信息化，还需要在幼儿园与家长、社区间的合作与沟通环节信息化。《幼儿园教育指导纲要（试行）》中明确指出："家庭是幼儿园重要的合作伙伴。应本着尊重、平等、合作的原则，争取家长的理解、支持和主动参与，并积极支持、帮助家长提高教育能力。""幼儿园应与家庭、社区密切配合，综合利用各种教育资源，共同为幼儿的发展创造良好条件。"借助现代信息技术可以改善传统的家园共育方式，为幼儿园、家长及社区的联系和沟通扩宽渠道，整合各种学前教育资源，为幼儿的全面发展营造良好的环境。

目前已经涌现出各种各样的家园联系网页、育儿论坛、班级博客，QQ群、等，为促进幼儿园、家庭及社区间的合作提供了新途径。

二、信息技术在学前教育专业教学中的融合体验

信息社会的发展，使得信息技术越来越广泛地应用到教育中，起到了至关重要的作用，并取得了较好的成效。目前，国家大力发展学前教育，培养学前教育专业教师的各个学校都在积极应用和研究信息技术与相关课程融合的有效方法，发挥信息技术的最大化优势[1]。让学前教育专业在教学过程中可以应用信息技术开展教学，提高教学效益。

1. 信息技术在教学领域的优势

在以往的传统教学过程中，一般都是以教师为中心，教师教学前安排好教学内容、策略、方法、步骤，而在整个教学过程中学生基本上是被动地参与。而如能将现代信息技术与课程进行优化整合，那就可以更好地创设以学生为中心、教师为主导的交互式学习环境，留给学生自主权、选择权，让学生根据自己的实际需要进行实践活动[2]。作为教师，都希望学生自己的学生能热爱自己的学科。作为幼儿师范学校的一名计算机信息技术老师，相当于一位公共课程的老师，如果整个学校各科教师能通过信息技术聚在一起集体教学教研，那么这个学校的教学活动将会是生机勃勃、活力十足的。

我们该如何入手呢？其实，信息技术课程在其他的各个课程里都能融合进去，就看我们如何灵活运用。

2. 信息技术在学前教育专业教学中的融合体验

根据人才培养方案，教务处一般都会将信息技术课程作为学前教育专业的一门必开课程，会安排在一年级的时候开始学习。学前教育专业早期在我国教育领域被称为幼儿教育专业，目前我国的幼儿教育中，要求幼儿园的教师综合能力全面发展，特别是对艺术（音乐、美术、舞蹈）及相关专课程知识技能，都有相关的具体要求，因此在培养从事幼儿园工作的学前教育专业学生的教学过程中，音乐、美术、舞蹈及相关专业课程都占了较大的比重，而传统教学过程主要是教师

---

①邵新杰，于贵波，阎文. 信息技术与专业课程整合的研究与实践 [J]. 科技信息，2010（16）：94.
②周妮. 信息技术与课程融合的探究 [J]. 教育探索，2013（4）：36-37.

的个别指导和学生课后的大量练习，常常使个别学生得到指导而其他学生则失去相应的机会，使得整体教学效果得不到有效的控制。这时，信息技术就起到了至关重要的纽带作用。信息技术的灵活运用，为学前教育的相关课程教学效果的改善提供了广阔的平台。现以美术、舞蹈及幼儿园的活动设计这三门课为例，分享信息技术与三门课程的融合体验。

（1）信息技术在学前专业美术教育中的融合体验。在传统的美术教学方法中，教师一般都是先展示相关的教学绘画内容，让学生对该堂课所学的知识点有个整体理解，然后通过讲解相关绘画技巧，教师进行范例演示，学生动手，最后教师个别指导绘画。尤其是教师示范绘画环节，学生必须围在教师身边观察教师的绘画技法，由于视角的问题会使部分学生无法看清教师的绘画过程及绘画技巧。学前教育专业的美术课程教学主要是为了培养未来学前教师的审美能力和绘画技艺，尤其是儿童画的绘画技巧，来提高学生的艺术素养。在学前教育学生的信息技术课上，信息技术老师也只讲解简单的图片处理，与学前教育专业的专业课程衔接是很少的。因此，如果能在学前教育美术教育的教学过程中能灵活地运用信息技术手段，教学效果将会在很大程度上大大提高，例如：教师在绘画的过程中可以应用投影仪和绘图仪，辅助教学，投影仪的操作技术很简单，如果教师应用绘图仪学生通过大屏幕即可观察到教师绘画的每一个环节，从而感知绘画技法；同时此教学过程也可以通过录播系统录制并放至校园课程录像网络点播系统供学生课后学习。

（2）信息技术在幼儿园活动设计课程教育中的融合体验。学前教育专业的专业课程里有一门是《幼儿园活动设计》课程，学前教师通过开展一个活动，让幼儿掌握知识，从而达到教学目标。活动设计的准备工作自然会需要有一些道具、素材、音乐等，如果靠收集现成的道具，有时会有一定的难度或不完整[1]。例如：活动主题《找春天》，在设计这一主题时，教师可能会让幼儿的爸妈带他们是去大自然找春天，找树叶，找花朵等等，收集所发现的。主题活动课上，小朋友收集到的树叶、花朵会不齐全，学生的知识构造会出现片面。这时，信息技术就可以派上用场了，通过事先在网络上准备好的树叶、花朵等图片，用PPT或微课的方式给幼儿构建一个全面的认识春天的概念。

（3）信息技术在学前专业舞蹈教育中的融合体验。为了能更加细致地抓住学生舞蹈技术要领，教师在传授舞蹈动作之前，同样可以通过信息技术课件将各部分舞蹈教学视频分动作讲解，然后教师再亲自示范教学，最后学生自己练习过程教师加以指导。与教师在学前教育的舞蹈教学中，先示范教学，然后学生通过舞蹈室的镜子跟学并加以规范自己的舞蹈动作，在这个过程可以大致纠正部分动作，但有些细节部分还得加以练习。两种教学方法，明显前者更全面，教学效果更好。

---

①邵新杰，于贵波，阎文．信息技术与专业课程整合的研究与实践［J］．科技信息，2010（16）：94．

同样，在前者教学方法的过程中，教师的教学以及学生自主练习还都可以通过视频录播系统全方位录制，学生可以在课后通过校园课程点播系统下载学习，学生在录制的教学过程视频中可以仔细分析自己的动作细节，从而可以有针对性地加以练习还没有掌握的动作要领，直至将整个课堂教学内容中的舞蹈动作全部掌握。

3．融合体验的几点感受

（1）计算机基本操作技能的掌握需要一个较长的循序渐进的摸索过程。计算机作为辅助手段引入课堂教学，但如果教师和学生掌握信息技术的基本知识与技能还欠熟练，缺乏专家和相关理论指导，不匹配的网络课件或工具平台，会使信息技术与学科融合难以系统化，有可能会造成画蛇添足的局面。

（2）教师在自制教学课件时，投入过多。为了"赶上"教学改革步伐任意类型或任意内容的课，为追求新意，不管合适不合适，一堂课从头到尾，不写一个粉笔字，全用投影仪展示出来，这并不见得符合现代信息技术与学科融合的精神。更有甚者，一些公开课、观摩课，几乎演变成了各种电教实力、电教手段的大比拼，而教育教学的灵魂——知识的掌握、能力的培养、品格的塑造等人文素养却荡然无存。灵活运用信息技术的教师，他/她的课堂上的主要任务只有不断点击鼠标，挖空心思地让学生围绕事先设计好的课件运行流程转，以达到最佳的教学效果。

（3）信息技术与学科教学融合，要求学生学习的重心不仅仅放在"学会"知识上，而是转到"会学"上，逐步要求学生能利用信息技术自主解决问题。在信息技术灵活运用的学习气氛中，学生畅所欲言，每个学生既是学习者，又是课堂学习资源的创造者，从而也有效培养了学生的独立思考能力、求异思维、创新能力和团队合作精神，对自己认知结构进行重新建构。这种组内生生互动、组际互动、师生互动等网络多向互动方式，极大地扩展了学生进行知识探究的自主性。因此，现代化教育手段对教学受益匪浅，教师要充分利用信息技术的优势，引导学生善于学习方式，积极探索，大胆联想，全方位地对学生进行创新思维的训练，使信息技术参与的教学效果大大改善。

信息技术在学前教育课程领域的灵活应用的确在很大程度上实现了传统教学所不能达到的教学效果。任何从事学前教育专业的教育工作者都应在今后的教学科研中积极主动地探索信息技术与学前教育课程的有机结合，共同推动我国的学前教育健康发展。

三、实践教学信息化改革与建设措施

1．建构空中教室，共享优质资源

建构空中教室，可以实现职前与职后协同发展。充分利用校外优质教育资源，充分实现资源共享，降低办学成本，做好、做实"2+1"实践教学改革的前期工作，提高办学效率，可以较好地解决前面遭遇到的种种困难。

（1）打破常规见习模式，提供远程见习渠道。"2+1"教学模式改革中，前2年的教育见习，通常是采用集中式见习1～2周，由于跨地区办学，运营成本高。通过建立空中教室，实现试验点场景现场直播，让学生可以在课程学习中实时连线试验点，做到理论与实际相结合。利用信息化平台建构的空中教室，可以免去两地来回迁徙之苦，提供更多的远程见习机会，见习的时间可以大大地超过2周，从而积累更多的实践知识与经验。

（2）提高教学效度，加强见习共性问题集中性指导。针对目前学前教育专业教师人员比较紧张，教学任务比较重，再加上见习指导任务，以致教师的工作强度相当大的现状，建构空中教室可以在一定程度上降低教学强度，把远程见习与理论教学融为一体，有效提高教学效率。通过远程见习、教学观摩等方式，发现共性问题进行集中性指导，对于个别性问题则可以灵活处理，从而有效地提高指导效率。

（3）有效利用教学资源，实现职前职后资源设备共享。以广西幼儿师范高等专科学校为例，该校除学历教育外，还承担着广西学前教育师资培养的重任。建构空中教室不仅可以让全日制学生获益，同样也可以让参加职后教育的学员受益，而这些设备与资源可以实现充分地共享，有效利用校内各方资源，降低办学成本，实现职前培养与职后培训的资源设备充分共享。

（4）拓展教研资源，促进教师专业成长。由于教师教学任务重，来回两地奔波，没有太多的时间深入幼儿园等实习基地观摩学习，而空中教室的建立，提供了远程观摩的机会，极大地拓展了教研资源，组织专业教师观摩学习，研究一线的教学，保持良好的教研氛围，对于每位教师的专业成长，显得尤为重要[①]。对于有特色的优质课程，可以利用高清录播设备，进行录制收藏到特色课程资源库，以备日后反复观摩研讨，有效地促进教师专业成长。

2. 善用微格教室，提升师生教学技能

微格教室是在装有电视摄像、录像系统的特殊教室内，借助摄像机、录像机等媒体，进行技能训练和教学研究的教学环境。微格教室已经被国内外许多高校和培训机构作为培训教师教学技能、技巧的一种有效方法而采用。信息化教学模式的改革中，需加强微格教室的建设，充分利用微格教室来提升学生的教师教育技能。

（1）在教育见习的基础上，进一步强化教师教育技能训练。"2+1"教学模式中的"2"，是在前两年的教学过程中，借助微格教室信息化的技术手段，将理论与实践相结合，训练学生对幼儿园教学活动过程的各个环节或片断的分析，如语言、表情、动作、演示、提问等教学技能，训练学生的导入、强化、组织、试误及结束等调控教学过程的技能。

---

①邵新杰，于贵波，阎文. 信息技术与专业课程整合的研究与实践 [J]. 科技信息，2010（16）：94.

（2）促进微型教学常规化，提升师生评价水平。信息化模式的改革，需要时间来推进，利用微格教室可以有效地促进微型教学的常规化。在微格教室中，教师借助摄像监控系统可以实时掌握每一组学生的训练状况，学生在模拟教学训练后，通过及时重播录像，也可了解自己训练的情况。在微格教学训练过程中，具有多种形成性评价方式：可以是"教师"角色扮演者通过重播自己训练的录像，肯定成绩，分析问题，进行自我纠正和评价；也可以是同组训练的"学生"角色扮演者通过听课、一起观看重播录像，对"教师"角色扮演者的模拟教学情况进行讨论、分析和评价。此外，指导老师也要对"教师"角色扮演者的模拟教学情况进行全面的分析、评价，并提出改进意见。这些评价方式，对于帮助"教师"角色扮演者提高教学技能是及时有效的。有效的多种评价方式可以真实地反馈信息，客观、全面的评价，有效地提升师生的评价水平。

（3）以较少的教学实施，传授较多的教学技能。进行微格教学的一般方法是：由受训者（人数以10人为宜）用10至15分钟的时间，对某个教学环节，如"组织教学"或"授新课"进行试讲。整个教学过程的实施，时间短、人员少、速度快。试讲情况由录像机记录，指导教师和受训者一起观看，共同分析优缺点，然后再进行训练，直至掌握正确的教学技能。经过信息化手段的介入，使得受训者教育教学能力得以迅速提高，掌握丰富的教育教学技巧。

（4）实施资源信息化管理，实现异时点播教学或同步教学。借助网络信息化平台的建设，利用微格教室，可以对优秀教师、外聘特级教师的示范课程进行转播或实况录像，供其他师生观摩、学习。学校重大活动，如外请专家、学者讲课，做报告，进行政治思想教育、爱国主义教育，和校园卫星电视网结合，把微格教室的活动和课程向全校同步实况转播，供全校师生观摩、学习。利用信息化平台的资源管理功能，对优秀资源可实现异时、异地点播教学。

3．教育实习实训信息化

"2+1"教学模式改革中的"1"即最后一年是到幼儿园或幼教机构进行实习实训，主要是培养学生的教育实战能力。加强教育实习实训信息化建设将有利于教学模式改革和高端技能型人才的培养。可以选择有合作关系的幼儿园作为示范点，包括四种类型：亲子园示范点、幼教特色示范点、区内优质园示范点、区外先进地区优质园示范点。这些示范点的信息化改革具体表现在：

（1）岗前技能训练信息化。岗前技能训练是指学生在完成全部专业理论课学习的基础上进行的实践能力训练。学生在进入幼儿园实习之前或进入幼儿园实习初期，应对学生强化技能训练。岗前技能训练信息化，是指实习指导教师和学生在各实习点可通过网络管理系统阅读岗前技能训练方案，了解训练项目内容、训练要求、实训地点和时间进度安排、分组与指导教师安排、过程考核模式、经费预算等，逐项完成训练任务，并通过训练日志汇报实训过程，以便学校对训练过程的了解、检查、调整，做好质量监控。

（2）实训过程管理信息化。实习过程包括集中实习和顶岗实习。集中实习是指学生到学校统一安排的校外实习基地进行的专业实习；顶岗实习是指学生自主联系实习单位进行的具有就业倾向的实习。实习过程包括在工作岗位观摩、见习、岗位实践、完成实习任务或项目、总结反思、能力提升等。通过信息化管理系统，实现教师对实习工作的指导到位、系部对实习工作的管理到位、学校对实习工作的监控到位，提高实习任务完成的效率，保证实习工作的质量。例如，在实习准备阶段，通过网络管理系统，帮助学生阅读《毕业实习任务书》，了解实习目的与要求、实习时间、实习单位和地点、实习步骤与内容、指导教师安排、学生管理办法、成绩考核办法等；在实习过程中，学生通过每日（或每周）实习日志和教师指导日志，加强指导老师与学生之间的信息互通，系部、专业带头人可与实习基地和兼职指导教师加强信息沟通，实习生与学校教务管理部门的沟通，实习生与学校心理健康指导教师之间的信息沟通，实习生互相之间的信息沟通；帮助学校、系部对实习过程进行质量监控等；在实习的总结阶段，通过管理软件，开展多方评价，包括学生自评、师生互评、社会评价等，检测实习效果，以便进一步开展团队交流、技能比赛或专业技能展演等，展示和提升学生实践能力。

（3）毕业论文（设计）管理信息化。学生可通过网络管理系统接受老师指导，进行选题调整、资料收集、论文撰写或毕业设计作品创作、作品修改、成绩评定等。

（4）人才培养质量跟踪管理信息化。通过对毕业生就业单位、就业岗位和工作情况的信息跟踪，分析人才培养的质量、数量与社会对人才需求的契合度，调整学校的专业设置与教学改革的方向。

此外，信息化模式改革还包括校内课务管理信息化、学籍管理信息化、师资管理信息化和教学计划管理信息化等方面，通过管理软件模块和网络信息技术，科学安排课程、教师、教学场地与教学时间等，以解决学校多校区、系部多级管理状况下的教学管理和师资队伍管理，提高管理效率，强化质量监控，使教学管理工作更加规范化、制度化、科学化。

第四章 学前教育高校专业人才培养模式的构建方略

面对社会对高素质、高质量人才的紧缺，面对国家政府对学前教育专业人才的重视，为了更好地提高学前教育专业人才培养质量和更好地促进学前教育事业的发展与进步，高校对于学前教育专业（高校）人才培养工作在不断的改革和优化。其改革和优化不仅从现实中的要得以反思和启示，更要对目前学前教育专业人才培养模式中存在的问题与不足提出有针对性的对策和具有专业特色的实效性的建议。

第一节 学前教育专业的培养目标

一、目标制定要遵循具体化原则

学前教育专业人才培养模式在制定培养目标时，应该把学科性教育与职业岗位要求两者同时作为高校人才培养的出发点和落脚点。同时由于部分学生属于层次的教育即高校教育，在本质上仍属于职业教育范畴，因此将学前教育专业人才培养目标定位于"高素质应用型"人才，不仅是科学而且合理的。但是为了避免"高素质"所带来培养目标界定不清的问题，要从两方面进行解决。

1. 幼儿专业化教师

目标制定中要具体高素质的培养类型，如培养幼儿专业化教师、高级幼儿营养师及专业的统觉感官教师等等，依据每一种岗位不同的特点进行有针对性的培养，使培养出的人才更加符合职业岗位的具体要求。近年来，幼儿园"虐童"事件频发，引起社会极大关注，人们不禁质疑当今幼儿教师的专业素养。部分幼儿教师在学前教育领域的发展出现偏差，引发社会各界热议。作为专门培养幼师的专科院校，面临着幼儿教师专业化水平整体低下、教师责任感错位等一系列问题。如何提升幼师质量，成为每一个高师院校必须思考的内容。

（1）幼儿教师专业化内涵与意义。幼儿教师专业化是指幼儿教师具有素质教育观，具备高尚师德，具备专业的学前教育情感及扎实的学前教育专业知识，并掌握幼儿教育教学技能，不断提高自身内在的专业性。这个概念是笔者通过总结教师专业发展理论，结合幼儿教育实践经验而得出的。从教师专业发展的角度看，虽然幼儿教师在岗前经过教育训练获得了国家承认的幼儿教师资格证，但这并不意味着他们能够真正成为专业的教学人员，呈现出幼儿教师专业的发展空间是无限的，时间是持续的，专业发展的内涵趋向多层次、多领域的特点。

从幼儿教师专业化的宏观层面解读这一概念，就是从周期的角度来分析。幼儿教师的成长与发展具有一定周期，在不同阶段面临着不同的要求。在人才培养规划中，就要设计出不同的培养模式，体现出针对性与统一性。教育行政部门、高师院校以及幼儿园等必须重视幼师专业化的发展，抓住机遇、互相配合，以幼儿教师专业化为取向，促进幼儿教师专业发展，让幼儿教师能够适应时代和社会发展的需求，使祖国的幼苗健康成长。

从幼儿教师专业化的微观层面解读概念，就是指幼儿教师能够坚守教育信念，培养个人的学前教育知识与技能，不断丰富完善自身的教育理念与实践，了解幼儿教师专业结构，明确努力的目标，通过自身努力实现专业价值并获得相应的专业地位。

探索幼儿教师专业化的发展，是推进教师专业发展的重要组成部分。教师专业化的发展，意味着幼儿教师角色的转型。2002年提出的新课程改革，实施至今已有10年了，幼师同样面临教育新角色的转变问题。幼师是儿童教育的引导者，应根据幼儿特性做到因材施教，同时还要具有创造力，为幼儿提供亲自操作、探索的实践活动，培养幼儿的创新精神。幼师要在教学的过程中成为学习者、研究者与教育者。幼师专业化发展的过程也是不断提升自己专业能力的过程，它要求每一位幼师必须对幼儿教育有深入的了解，在幼儿教育实践过程中不断地成长与反思，对所从事的幼儿教育事业有客观、全面的认识。探索幼儿教师专业化发展，更是提高幼儿教师的职业道德与专业素养的重要举措。幼师专业素养主要体现在能够将学前教育学、心理学、卫生学等知识运用于实践，为儿童设置适合其个性发展的教学活动，与儿童建立积极的交往关系。丰富的教育艺术及熟练的技能技巧体现着幼师的专业能力。除了知识，职业道德，自我修正和反省能力，热爱儿童、热爱教育事业，有责任，是幼师必须遵循的基本道德规范与准则。教书育人的教育特殊性，要求每一位幼师必须进行自我锻炼、自我陶冶、自我教育、自我完善。由外在的道德规范要求内化为教师的品质，加强幼师职业道德修养的内在动力，源于高师学生对幼师行业的认知程度，也就是幼师专业化发展的情况。

（2）高师幼儿教师专业化发展的缺失。幼儿教师专业化发展是一个长期而又艰巨的任务，面临的困难与问题难以在短时期内得到解决。《国家中长期教育改革和发展规划纲要》明确提出到2020年基本普及学前教育的宏伟目标，将大力发展学前教育作为贯彻落实教育规划纲要的突破口，作为推动教育事业科学发展的重要任务，作为建设社会主义和谐社会的重大民生工程，纳入政府工作重要议事日程。以山西省为例，计划在三年内新建、改扩建600所以上的公办幼儿园，新增入园人数18万人以上。按15：1的生师比计算，公办幼儿园新增幼儿教师需求量至少为1.2万名，民办幼儿园的师资需求量更大。这意味着近几年内学前教育师资将成为社会急需的紧缺型人才。学前教育的大发展，必然带来幼儿教育师资短缺，社会需求与人才资源短缺的矛盾，造成了幼儿教师专业化发展的缺失。从高等师范专科院校看，幼师专业化的缺失主要表现在以下四点：

①目标定位起点较低

1999年高校扩招，优秀学生都以从高中进入大学为第一选择，高师在招生方面不再享有优先权。学历较低的高师教育吸引力不断下降，高师教育培养就难以吸引优秀的生源，不得不在招生工作中降低要求、放宽标准，生源绝大部分是高中升学无望的学生。生源质量下降，直接导致幼儿教育师资质量的下降，从源头上极大地影响了幼儿教师的基本素质，进而影响了幼教事业的发展。

②学前教育理念陈旧现代社会对幼师的要求越来越高，如今的家庭多以独生子女为核心，父母不仅关心孩子的健康，更关怀孩子未来的发展，对学前教育空前重视。在这样的形势下，对学前教育提出了更高的要求，高师学前教育必须调整教育理念，培养什么样的幼师，应该具备怎样的素质，不仅是要求幼师的专业能力，更要求其人文素养、道德品质及教育实践能力能够得到熏陶与锻炼。高师学前教育的理念不能仅仅停留在以学生"认识多少字""会不会画画、跳舞"等为衡量教学质量的标准上。因此，幼师的培养要着眼于学生素质的全面提高与个人品格的完善。未来的幼师要学会尊重每个儿童的个性，遵循幼儿身心发展的客观规律，学校必须以培养高素质的现代幼师为自己的现行教育理念。

③课程设置存在矛盾，幼儿教师专业化课程设置与幼儿园教学脱节其一，体现在学前教育的基础课与专业课比例不当。有些高师鉴于生源质量问题，重视基础课培养，比较注重文化基础知识的学习，忽视专业理论课学习，专业理论知识的储备不足，这就使学生缺失了基本的探索研究能力和教学技能；有些高师恰好相反，以技能艺术训练为主，忽视文化素养，学生虽然能歌善舞，但缺乏应有的基本素养，表现在教学实践中浅层次的教学内容多，培养幼儿情感、价值观的内容少，教学活动流于形式，缺乏系统性。学前教育专业课的缺少，限制了幼师在实际工作中的创新，难以适应当今幼儿教育理论多元化、课程模式多样化的改革趋势。其二，体现在理论课与技能课比例不当。幼儿教师职业技能的特殊性，决定了幼师不仅需要有理论素养，还需要有满足幼儿自身发展的音、体、美教育技能，这是高师学前教育专业的特殊性。高师学前教育专业学生艺术教育技能发展缓慢是制约幼师教育发展的瓶颈。究其原因，主要是由于学生技能训练不足，对艺术技能课重视程度不够。此外，对教学技能的基本功训练还有待于加强，这些

都严重影响着幼师专业化的发展。

第四，教育实践内容单一。实践是师范教育的一个重要环节，对于幼师专业化发展而言，更是不可缺少的重要组成部分。通过教育实践，让学生充分了解幼儿园各方面的工作，将学前教育理论与实践结合起来，充分领悟幼师的职业角色。但是，现今的高师教育实践，只限于参观与实习。学生对教育实践缺乏足够的认识，有的学生甚至不愿意去实践，认为实践可有可无，走过场，加之教育实践的时间比较短，很难把握幼儿教学的重点，导致教学过程呆板，严重影响实习效果，也不利于幼师专业成长。

（3）高师幼儿教师专业化发展的切入点。根据我国幼儿教育发展现状，高校承担着培养幼儿教师的重担。面对社会各界的压力和家长的期盼，高师学前教育的发展必须重视幼儿教师专业化发展。未来的幼师应理论与实践相结合，学历与能力并重。幼师的专业素养包括职业道德素质、人文素质、专业结构，将职业道德的教育渗透于教育的全过程，有科学的世界观与价值观，给儿童树立好榜样。同时，幼师要重视积累社会、历史、人文方面的知识，具备专业的学前教育理论知识，了解儿童的身心发展特点，在专业结构中，具备扎实的专业知识，掌握教学技能。在笔者看来，高师加强幼师的专业化发展切入点在于专业建设。

①明确学前教育专业培养目标，增强专业发展意识。专业发展意识是幼师成长的内在动力，需要师范生在学习过程中，能够运用各种学习资源，丰富专业知识，发展专业意识。专业意识的养成要靠明确的培养目标，因为培养目标决定着学前专业的办学方向。培养目标要充分实现宽口径、厚基础，找准培养方向。高师要立足于培养具有学前教育的职业理想，树立先进的育人理念，培养具有过硬的教师教育能力，愿为幼儿教育奉献自我的应用型人才。

②彰显学前教育专业课程特色，建构合理的课程结构。课程是专业建设的重中之重，同时也是幼师专业化发展的主要途径，课程结构影响着学生的素质发展。高师学前教育专业的课程特色在于能够和当地幼儿园教育衔接，体现其应用性与向导性。高师院校需全面调整理论课与实践课、基础课与技能课的比例。课程设置可分为公共基础课、专业必修课、专业选修课、综合实践课四大模块。公共基础课继续承担发展学生人文素养的重任，让学生储备大量的基础知识；大力调整专业必修课的课时与内容，突出学科结构和课程多元化特征，加强学生幼儿教育理念的形成，强化学生的实践能力；专业选修课开设与儿童发展相关的教育课程，增强学生了解儿童的兴趣；综合实践课通过各种各样的实践活动彻底培养学生的实践能力，学生根据兴趣选课，不定期地去幼儿园进行见习，充分发挥主观能动性。

③重点培养学生专业技能，加强教学实践。根据儿童身心发展规律，幼师除了基本的教育教学技能，还必须具备专业的艺术技能。因此在专业必修课中要有所侧重，如要重视幼儿活动设计、儿童简笔画、琴法课，重视幼儿歌曲视听与视

唱，在专业选修课中加入亲子教育内容。在教学实践中，要使学生"学中做""做中学"，教学实践需要保证一定课时。经常性地安排教育见习，同时要重视见习与实习的实效性，平时开展观摩见习，为学生实习打下坚实的基础。有条件的高师最好能聘请当地幼儿园一线教师来学校交流与讲学。

④引领地方学前教育事业。发展社会服务是高校的重要职能，高师培养的幼师人才大多留在当地幼教机构，支持地方学前教育事业。高师可积极开展顶岗教学，选拔优秀学生去地方幼儿园支教，定期对当地幼儿园进行调研，把握学前教育专业发展的新动态。这样培养出来的优秀的学生将成为沟通学前教育理论与实践的桥梁，成为地方幼儿教育事业的重要力量，为幼教事业发展献策献计，更好地服务地方学前教育发展。

2．细化"高素质"涵盖的内容

既可以参考具体培养目标类型标准进行制定，也可以为培养目标制定标准，但是两者必须相互对应，无论是一对多还是多对一。这样不单有利于制定者清楚、准确地对培养目标做出正确的定位，并且在深入到定位每一个环节和每一项内容后，可以帮助培养目标建立系统的执行计划和操作流程。

二、学前教育高校生专业技能提升策略

特色化主要是指学生的技能特色，其中包括艺术技能、教学技能和幼儿活动指导技能等方面的职业技能。而定格在高校体现学前教育的层次化、综合化的教育特征。实践性又是综合化的一种要求和属性。因此，学前教育专业高校人才培养不仅要追求对学前教育学科知识的系统性和完整性，更需要以依据岗位的能力要求标准进行专业技能和实践应用能力制定培养目标。要转变传统的"重知识、轻技能"的认识观念，即认为理论知识研究"高大上"，实践技能操作"矮小低"的价值误区，正确认识实践技能操作与理论知识研究的关系，将两者地位并重，平衡两者关系。

1．学前教育高校学生专业技能训练的现状

在办学以来，系部一直围绕人才培养方案，坚持以夯实学生的专业理论知识为基础、着重培养学前教育专业技能，树立"以学生可持续发展为中心，以幼儿教师专业技能为主线，优素质、厚基础、强技能、重能力"的办学理念，以期培养"下得去，留得住，干得好"的应用型技术人才。因此在专业技能的培养上十分重视，不仅在课程安排上、教师的考核上非常重视，系部还组织创办了合唱团、艺术团等团队，组织开展各种丰富多彩的活动来鼓励促进学生的练习提升，并且每学年将开展一次"师范技能系列比赛"（其中包括说——儿童故事讲演比赛，唱、跳——儿童歌舞编创比赛，画——绘画、儿童简笔画比赛等），也鼓励学生参加学院的大学生艺术节，让竞赛来促进学生对于专业技能的重视及练习提高。

各个班级每周也会进行专业技能的主题训练。并且每周系部也会组织学生到

学校的校外实训基地——当地的幼儿园进行实习，让他们充当小老师，让学生能提前体验教师的职责并更进一步地了解幼儿。这些措施确实对增加学前教育高校专业技能的学习机会及营造学习氛围有所帮助，但结合学生的表现情况及反馈意见，要达到我院的人才培养目标仍旧还需要一定的努力及改善。笔者通过问卷调查及访谈发现，学前教育高校学生专业技能的训练学习还存在如下问题：

（1）学生课后自主技能训练时间少

通过调查访谈我们了解到，有5%的学生在简笔画的掌握上表现出具有很大的困难，只有3%的学生可以十分熟练地掌握简笔画画法，达到无需临摹的程度；在舞蹈的学习上，能够编创一段符合要求的幼儿舞蹈的学生仅有23%。这说明本专业学生在绘画和舞蹈方面的学习掌握得还不够熟练，缺乏练习。在钢琴学习中，无论是基础乐理知识、学习方法的掌握，还是练习情感，大家反应遇到的困难较多，因为练习时间太少。在专业技能的课后训练提升问题上，84%的学生认为自己技能无法提高的原因是课后训练时间不足。

幼儿教师的专业技能并不是通过几节理论课就可以提升的，钢琴、舞蹈、视唱、绘画、讲儿童故事都不是一蹴而就的事情，必须有赖于长期的实践练习。学生专业技能练习时间太少的原因也是多方面的，一方面是因为学生不会进行自我学习的规划，对课余时间分配不当，没有危机意识，自我管理松懈；另一方面教师不够严格，考核机制不完善，在课程模式中平时成绩占课程成绩的30%，期末成绩占70%，课堂考核比较随意，在平时也没有专门的专业技能达标测试，导致学生对于课程的学习练习重视度不够高。

（2）学生自身定位不明确，专业认同度低。由于部分同学还未从高中的老师直接授予的传统模式下转换过来，不懂得自我学习的方法及自我管理，从而在没有教师的情况下并不知道该干什么，整天无所事事，也让惰性不断滋长；同时因为学校地势原因与外界环境的交流不便，使得学生不清楚就业形势的严峻，从而降低了紧张的危机意识；也因不清楚学前教育专业技能的培养要求及目标，没有掌握学习的方法，不知道该如何去练习提升自我，导致自身定位不明确，学习比较茫然。并且因为新入学学生对本专业认识不足，又受到传统观念的影响，认为学前教育就是陪小朋友玩，没有真知实干，认为此工作工资太低，处在一个社会地位比较低的层次，产生看不到值得憧憬的未来的消极情绪，而且有部分同学在入学时就非自愿选择本专业，产生一些抵触心理，导致学生专业认同感低。

（3）实践应用机会不够。幼儿教师专业技能培养过程中，不仅需要学生具有扎实的专业理论根基，更需要学生具有较强的教育实践能力。本院校学前教育高校学生虽然每个假期都会进行社会实践，但是大多从事的都不是与学前教育相关的活动。而且系部与相关实训基地的合作正处于前期阶段，能提供给学生进行实践锻炼将所学知识进行应用的机会较少，普及面不够广泛，这也导致本专业大部分学生对于幼儿园实际情况及幼儿实际教学情况不了解，无法将所学知识应用于实践，即无法将理论与实践相结合，也无法感同身受地理解到所学技能的重要性，从而在态度根源处影响了学生专业技能的练习、提升。

（4）考核检测机制不完善。我院学前教育技能训练缺乏相关专业考评人员、缺乏相应的考核方案以及技能水平检测机制，没有明确对学生提出相应的考核要求，即练习什么，如何练习，练习达到怎么的水平、等级都没有明确详细的规定，使得本专业学生的专业技能训练缺乏一定的目标及明确定位。虽然教师编写有相关课程的教学大纲，但大纲主要供教师教学所用，学生甚少了解，也不能等同于检测标准。而且每个年级的学生所学的课程进度内容都有不同，因此，单一的统一竞赛也无法真正反映出学生学习的掌握情况。完善考核检测机制，让学生按照专业标准进行练习以达到相应目标是提升专业技能效率的重要措施。

（5）技能训练硬件设备缺乏且未做到资源整合。专业技能训练的硬件设施即实训基地，实训基地包含校外实训基地和校内实训基地。校外实训基地即幼儿园、幼儿培训机构等。目前我校与三所幼儿园建有合作关系，但合作联系不够紧密，未能良好利用，组织学生进行见习实习的时间和机会较少。由于地理位置原因，本专业分别在两个校区教学，而技能训练的设备仅有形体实训室4间，电子数码钢琴实训室2间（总共70台电子数码钢琴），画室一间，手工实训室一间，这些训练设备远不能满足学生的训练需求，而且随着系部的发展今后的学生人数也将不断增加。对于相关实训室的配备，我校音乐舞蹈系和美术系有相关的丰富资源，但是校内并未做到资源共享，在资源整合方面有待提升。

（6）专业师资队伍薄弱

本学院目前拥有学前教育专业学生176位，系部的总生师比为29:1，已经远远超过教育部关于《普通高校学校设置规定》中专任教师总数生师比不超过18:1的要求。且学前教育专业教授艺术技能的老师共3位，分别教授钢琴声乐、美术课程和舞蹈形体，而有些班级有60名学生，由于教学场地设备及教学时间关系，有时还需要分批进行教学，这无疑加重了教师教学的工作量，也使得学生课堂学习效率及接受的教育质量有所下降。但因用人机制的问题，教师编制岗位有限，学校招聘相关专业教师数量有限，这也导致本专业教师压力过大。

2．学前教育高校专业技能的提升策略

（1）进行技能学习态度的引导与自我管理教育。进行态度教学前，学生的认知结构首先要有关于新态度对象的观念或认识。加强学生对学前教育专业技能的认知与学前教育事业的认同感，提高专业理念是必不可少的。在开学前、教学中开设有关于学前教育相关政策、就业以及如何做好自我管理的讲座，让学生更加了解本专业、学会自我管理，或者开设《学前教育专业导论课》、邀请幼儿园一线骨干教师与学生进行交流，让学生增强对本专业的兴趣与认同感，购买相关的期刊以及网络资源也是有效的措施。

（2）重视学生的实践，提供更多的校外实践机会。教育部颁发的《专业标准》

中指出要重视社会实践和教育实习。实践不仅能增强学生体质，提升学生心智，还可丰富学生的教学、实践经验，也使学生能更好地将实际与理论结合，能有针对性地提升专业技能。

为学生提供创造更多实践的机会，比如：在课堂教学有需要时便能根据情况及时组织学生去幼儿园进行见习、在幼儿园开展讲课比赛时组织相应学生前往学习观摩、鼓励学生在假期深入幼儿园见习调查、学期末能组织学生在幼儿园进行为期两周的中期见习，这样不仅能获得相应教学经验，使学生将理论与实践相结合，还能尽早发现幼儿与其他年龄段学生的区别，体会到课堂活动中的模拟实践与课外幼儿园见习的区别，使其更能抓住幼儿教学的方法与重点，在实践中学生也会尽快融入幼儿园增强对学前教育事业的认同感。因为实践的机会与时间增加，使学生能更全面参与感受不同年龄幼儿、不同领域的活动开展，学生的体会学习会更加深入客观更加系统科学。

（3）建立健全课后技能训练及考核检测机制。专业技能考核标准是任课教师进行技能教学应达到的目标，是学生技能训练应达到的结果，也是解决幼儿教师专业技能培训技术性问题的有效措施，它对提高学生的技能训练效果有着决定性的作用。本校学前教育专业的学生艺术基础薄弱，因此在实践教学中应多关注课堂教学与平时训练和练习的结合。因此根据幼儿教学要求以及学生实际情况科学地制定出详细的专业技能的训练方式、意义以及每一项技能每个阶段需要到达的目标要求并设立专业考核检测教师是十分必要的。课后技能训练方法可采用：设置固定时间进行练习、同学配对以互相监督考评、教师随机监督、抽查。考核检测机制要求，设定不同的等级要求，让学生按照要求去练习，如：钢琴一级：学会正确掌握弹奏姿势及方法，学会正确识谱，掌握非连音、跳音、连音的弹奏方法。钢琴二级：准确掌握音乐节奏、分句，学会分辨不同的力度和音色，灵活地弹奏训练手指的伸引及连奏中手指重量的转移。或者明确练习相应要求的曲目，这样让学生更明确的自己的学习内容及目标要求，也能明晰教师的教学目标，这对学生专业技能的学习也是一种监督与评定，从而更有效地促进学生专业技能的提升。

（4）保证教学设施设备的充足性，进行有效的资源整合。"巧妇难为无米之炊"，改善学前教育专业的办学条件是提高学生技能水平的前提和基础，改善教学条件，完善配套设施，增加电子钢琴、声乐实训室的数量，增设微格教室，校外实训基地，扩建画室、舞蹈教室等，提高实训室的利用率，保证教学设施设备的充足，使学生的练习场地和设备都得到保证。并且应制定合理的管理制度，进行有效的资源整合，使校内资源共享，设施设备做到物尽其用。

（5）增强师资队伍建设。师资队伍是人才培养的关键因素，教师的素质与水平决定着人才培养质量的高低。增强师资队伍建设，增加外聘教师数量，不断完善教师管理制度，进行有效的校内教师资源整合，减轻专业教师教学的负担，让学生能接受"一对一"的高质量指导，对学生学习生活进行正确的指导规划，提升学习的质量，使其能更高效地学习、提升专业技能。

第二节　学前教育高校专业的课程设置

科学设置课程，优化课程结构，学前教育专业课程设置应以素质、知识和能力为主线，在理论和实践课程一体化中将本专业学生应具备的知识能力和专业技能进行分解，以幼儿园典型岗位职业能力为导向构建核心课程，以幼儿园教学任务组织教学内容，构建与职业需求相适应的专业知识与技能课程，并且在课程模块的具体课程与上述职业能力要求相互对应与衔接过程中得以体现。

一、课程标准对接职业岗位要求

所谓职业能力为本位就是要以幼儿园教学领域为学前教育专业课程设置基础，将职业岗位所需要的具体基本知识和技能为主要课程内容，主要实现知识本位转向职业能力本位，旨在提高学生的职业技能，增加学生市场竞争力，满足职业对高校层次学前教育专业人才的需求。其中可以将视职业资格认证考核内容与学生课堂教学相融合，加强职前培养专业知识与技能内容的职业针对性。如将《幼儿园教师专业标准》中规定的内容与实际教学体系呼应。

二、课程内容重构

1. 课程内容存在重复性，不仅会造成课时的浪费，而且对教学效果会产生负面影响，不利于学生有层次、有逻辑的掌握教学内容。因此要精选教材，要选用国家规划或者选编教材；转变教师为教学的完整性而不得不重复的观念，课堂讲解要详略得当；合理安排课程课时，融合重复性较大的课程。例如在学前教育专业课程设置中对关联性较强的可以融入以整合到"计算机基础"课程中或者删减重复内容，这样既可以有效地利用本课程课时，也可以增加其他课程内容的课时；对于交叉学科，要适当公布课程科目的教学大纲，利于教师间交流与沟通以方便调整课程教学内容分工等。

2. 课程内容滞后，会导致与现代教学目标不符或者部分内容的缺失，严重影响着现代教学人才培养工作，更别提要实现提高教学质量的目的了。所以从这一点讲，解决课程内容滞后是一个基础性的问题。课程内容滞后的原因集中体现在教材与课程设置方式两方面。所以在解决内容滞后问题时，应做到以下几点：

（1）要注意教材的编订与筛选在教材的编订时，首要将现代学前教育理念修订与教学大纲或者课程标准中，其次要借鉴国外先进教学理论，增加国内公认关于学前教育高校人才培养模式的研究新成果，最后对于明显滞后的内容消减甚至删除。以上也是作为筛选教材的参考指标。同时，针对教材中未涉及本专业的最新研究动态及发展趋势或者未做修改的陈旧的、滞后的内容，就要求教师在课堂教学中要审时度势的创新教学方法，补充介绍学前教育学的新成果、新理念等，要在倚重教材的同时做到丰富、更新、开拓学前教育知识与理论视点。而且，要定时对教材内容进行审定与纠错，组织本专业研究成果丰富、教学水平高的教师团队对内容进行研讨，加强内容的调整和融合。另一方面，创设不同种类的课程。如活动课程、微格课程等。一是可以增加调整课程内容的开放性与灵活度。二是可以开拓课程内容最新理论研究的深度与实践研究的广度。三是能够保证学生所学知识的实用性，并保持了教学体系时间的完整性。如对一些职业辅助性教学内容优化设计与幼儿家长沟通技巧、如何与幼儿交流等教学内容。最后要注重对学前教育专业前沿理论知识的拓展与学习，加强理论指导实践的实际实用性。

3．整合课程结构，拓宽选修课范围

基于对学前教育专业课程设置中要求课程要符合学前教育特性、重视学生实践应用能力培养为基本取向，同时要兼顾理论与实践相结合原则、遵循学生可持续发展规律的认识下，要以此为依据改变目前学前教育专业高校课程设置存在的问题。学前教育专业课程模块设置中，首先要打破相对的课程模块，增加专业实践内容的渗透性。

（1）本着基础性与专业性教育相结合的原则，适当减少公共外语与计算机课程课时，增加学前教育专业性英语知识的学习，计算机中增加教育技术课程的学习。将部分思想政治品德与法律知识转变为教师职业道德与幼儿教育相关法律法规的学习。

（2）本着学生差异化特点，增设不同水平级别的专业技能训练课程，弥补学生薄弱或者缺乏的技能内容。

（3）要本着学习具有动态的特征，加大选修课比例，鼓励不同学习者进行必须而自由的组合，获得课程的帮助，不同定位的学生可以根据自己的兴趣爱好和特长选择学前专业课和技能课。

三、学前教育高校专业"手工制作"课程开设

手工制作艺术是一种充分调动人的手、眼、大脑协调合作在三维空间进行的物质创造性活动，而幼儿正处于手眼协调发展的关键时期，所以高校"手工制作"这门课程开设是十分必要的。为了提高学前教育高校专业的学生综合素质，更好地开设"手工制作"课程。

1．当前高校学前教育专业"手工制作"课程的现状

我国高等教育学前教育专业现在蓬勃发展，很多高校都开设了高校学前教育专业。由于这在高校是一个新兴课程，所以在课程设置方面有很多的不足。"手工制作"课程是绘画、手工制作、设计等教学内容的综合体，着重于学生美术和手工的创作与动手能力培养。随着教育改革的深入，人们对教育的认识越来越深刻，

越来越多的人认识到高分低能者不再是现在社会的宠儿。随着教育的低龄化，学前教育越来越得到人们的重视。手工制作也是幼儿教师等学前教育工作者应用最为广泛的技能。然而从实际教学实施的情况看，首先，学前专业招生的对象限定，多数有较好的艺术感觉与文化素养，但更偏重于音乐方面，普遍缺乏专业的美术训练，动手能力弱；对"手工制作"课程有浓厚的兴趣，却往往心存畏忌。其次，课程设置三分之二的教学用于美术基础教学而忽略它的趣味性和实用性，不能很好地调动学生的主观能动性。第三，"手工制作"课程由于材料、课程设计和教师缺乏，教育策略陷入不确定性与盲目的试探性摸索之中，缺乏创造教育的导向性、开拓性、确定性与全面性。

2．高校学前教育专业"手工制作"课程的意义

（1）历史层面手工制作是我国的传统文化，它形成于各个民族的生产、生活、民族风光中。我国手工制作形式多样，品种极多，比如有剪纸、风筝、扇子、刺绣、皮影、脸谱、泥塑、编织等。如此之丰富的手工制作犹如一个巨大的宝藏，为幼儿的手工教学提供取之不尽的资源。同时，本专业的学生在学习这门课后还可以起到一定的传统文化传承的作用，工作和再教授给学生，让我国的优秀丰富的传统手工制作文化不断地延续下去。

（2）实践层面

学前教育专业教师教育的实践教学应设置与人才培养目标相适应的、以幼儿教师教育技能为核心、与理论教学体系相辅相成的全学程实践教学体系。这种体系应能使实践教学与理论教学相互补充、相互衔接、紧密配合，使学生具有从事幼儿教育的职业素质和能力。实践教学体系，要明确本专业实践教学体系的组成及实践教学环节的主要内容和要求；保证教学体系能够满足培养目标对职业技能和职业关键能力培养标准的要求，符合高技能人才和高等技术应用性人才培养规律。

3．高校学前教育专业"手工制作"课程教学的目标

（1）培养美育素质美育是培养学前教育人才的具体教育内容之一，"手工制作"教学课程历来都被一些学院学前教育、初等教育、艺术教育等专业作为培养学生视觉审美素养、创造能力及动手能力的一个重要途径。学前教育专业学生在学习"手工制作"课程的同时还能增强实践情感和实践观念，激发学生热爱幼儿、热爱幼儿教育的情感，培养认真负责、细致耐心的工作态度和刻苦钻研、坚忍不拔的工作作风，培养探索精神和创新精神。将学前教育专业学生技能培养和生涯教育紧密结合，让学生在掌握实践技能的过程中，学会做人、做事、学习和合作，使学生的专业成长与其终身发展相结合，为学生顺利走上工作岗位创造条件，更为其终身发展打下基础。

（2）增强实践能力考核根据现代教育发展需要和幼儿教育的特点，学前教育专业考核方式应突出实践能力考核，在传统的以试卷形式考核理论知识方式外，

可增加以下几种考核方式：

①口试学前教育专业应增加口试考核，通过口试测出学生对专业知识的掌握程度，同时训练他们将来从事本行业的表达能力。

②技能课程采用发展性考核方式

如"手工制作"等技能课以设A（优秀）、B（良好）、c（合格）级，让学生有更高的努力目标，以便形成技能特长。

③现场测试。在一些相关专业课程测试中，可以使学生在真实工作环境中或模拟环境中进行现场操作。如现场给学生一些材料，要求学生在规定的时间内完成任务。

④案例分析考核时向学生提供真实环境中典型案例，学生来分析并提出解决案。

4．有效提高"手工制作"课程教学效率的策略

（1）环境设置方面加强手工实验室建设，为学生的广泛实践创造良好的环境。学前教育所涉及的动手制作门类可谓是五花八门，从纸艺、木艺到小型金属工艺都有涉及，而绘画种类基本都需要简单尝试一遍，这是普通教室和画室所不能满足的，这就要求有一个或者多个专门的手工实验室，才能满足众多实践需要。其中要能满足绘画课程和平面手工的需要，就必须具备较大工作台面和较便利的洗涤区域；而要满足各类立体手工制作的需要就必须具备便利的工具操作区域；而如泥艺等特殊材质艺术，则需要能容纳一些特殊的工具材料，如小型搅拌机、碾压器等。

（2）教学方法方面拓宽教学思路，注重内容的趣味性。"手工制作"基础教学环节分为基本技能教学和鉴赏两大部分，手工创作教学部分则是通过手工制作进行创作教学，其内容主要是平面创作和立体创作两个主要部分。然而如果仅仅只是按照美术规律机械地传授，内容就变得单一而乏味，而将一些美术基本知识点进行重组教学，便能大大增加其趣味性，如色彩基本规律和使用技巧与染印内容相结合教学，简笔画的内容与中国画、儿童画的内容结合教学，平面和立体构成知识点技巧与幼儿园室内装饰课程结合教学等。其目的是让学生广泛接触美术的基本形式，在学会整体观察和局部处理相结合艺术处理方式的同时，掌握简便的造型技巧，为今后教学实践课程打下基础。

（3）教学内容方面选择简便易学的学习内容，设置生动合理的教学步骤，开展学前教育的"手工制作"教学，并不是要培养出某一制作领域的高手，也不是为了比赛或其他的竞技场合，而只是对学生动手能力的培养。我国手工制作的形式多样，并不是每一种都适合学前教育专业的教学。学校要充分考虑本专业的特性，选择适合学生学习的内容，与学生的实际生活相关，又简单易学的手工制作应优先考虑。这样在生活中学生就可以充分利用身边的素材来进行手工制作，因地制宜。

第三节　学前教育高校专业的教学模式

一、突出体验式教学方式，融合多种教学方法

采用不同的课程教学方法对于学生的学习、理解及建构知识及应用能力方面产生的效果是不同的。而教学方法的选择和应用受到特定教学内容的影响与制约，所以，教学方法只有与课程内容有机结合，为教学内容而服务的教学组织方式才有利于学生有效掌握专业基础知识与技能，并且形成实践应用能力。学前教育专业课程设置是以培养职业能力为导向，由此课堂教学要突出理论联系实际，教学方式要体现和强调实践性。但是，目前学前教学专业高校课程教学方式继承传统高校教学的"班级化""统一化"的集中讲授，一是师生之间互动差，二是无法理论联系的发现、分析和解决问题，三是专业知识与技能难以有效得到应用与训练。鉴于体验式教学方法主要特点是学生要亲自主动参与教学过程，能够让学生充分利用各种学习资源的同时提高理论知识学习能力和加强专业技能实践应用能力的优点。学前教育专业课堂教学中应积极采用体验式的教学方式，即将课堂与情景创设、角色扮演、仿真模拟、讲座辩论、协作会话、案例分析、项目教学、微格教学等有机结合，调动学生学习的主动性、实践性和创造性，这也是体验式教学的特色所在。但是体验式教学方式是通过教师、学生与授课内容相互作用推进课程教学任务的完成，对其也提出了一定的要求。首先，教师在对教学内容进行设计的时候，要充分考虑课程内容的难易性、复杂性，选择适合的教学方法。由于每种教学方法都不具有万能性和保持一成不变，所以学前教育专业课程教学方式要注意做到综合应用多种教学教学方式，在取长补短中使各种教学方式有机融合。其次，由于教学活动的动态性和学生体验的差异性，又要求在教师引导中必须因势利导地灵活选择所需教学方式，也要因材施教地开创多种体验式教学方式。最后，要充分利用现代教学技术手段和教学资源库。多媒体教学设备与系统作为教学的辅助手段，具有表现形式灵活多变、展现内容丰富多彩，信息渠道多种多样等特性促进课堂教学效果的最大化发挥。同时，采用先进的网络教学资源库，不仅可以及时了解国外学前教育相关前沿理论知识和最新发展动态，也可以通过课程网站共享教学资源库，将优质核心课程或者专业精品课程的素材、教案、课件、评价标准、实训内容等上传共享，充分发挥优质或精品课程的优势，提升学前教育专业课堂教学质量，最终实现课堂教学效果最佳化。

二、重视师资队伍，加强"双师型"教师团队建设

保障提高专业教学质量的核心之一在于具备高质量的师资，同时"双师型"教师队伍建设又是满足职业教育对专业教师的一种特殊要求。而学前教育专业又

是理论与实践联系密切程度较高：一要求教师具有扎实的学前教育理论知识，具有较强的教学科研能力。二要求教师具有大量的幼儿园教学、管理和保育等实践经验，做到既能够做到熟练讲解教学内容，又能够进行专业知识解答和专业技能的实践指导。因此，加强学前教育专业高校"双师型"教学队伍建设至关重要。

1. 学前教育专业建设"双师型"师资队伍的重要性

一是培养具有综合职业能力和高级技术应用型人才的高等职业技术学校，学前教育是一门操作性非常强的应用学科，其实践性教学有着举足轻重的地位，"双师型"教师应是学前教育专业教师队伍建设的重中之重。

相对于一般普通高等院校而言，首要目标是使学生获得从事某个职业和行业的实际技能与知识，能在生产实践中熟练运用和得到发展，并具有适应职业变化的能力。"教育是教育学生会做人、会做事、有知识、有技术。"培养什么样的人才，就需要什么样的教师。建设一支"双师型"高素质的教师队伍是培养学生具有较强的实践动手能力和解决实际问题能力有效的保证。积极探索"双师型"教师的培养途径，努力打造一支适应教育教学需要的"双师型"教师队伍，已成为不断提升教育质量和提高核心竞争能力的一项十分重要而又紧迫的任务。

二是学前教育专业人才培养的内在要求。学前教育是国家基础教育的重要组成部分，相对学前教育高校生和研究生的培养而言，学前教育专业学生的基本就业岗位是幼儿园和各类早教服务机构，她们既要能胜任幼儿园和早教机构多学科的教学工作，同时还要承担对婴幼儿和家长的服务工作。学前教育专业人才的培养一定要区别于传统的师范院校学前教育专业重理论、轻实践的思路，要以学前教育人才社会需求为导向，以幼教岗位能力为目标，按照专业理论够用、专业技能扎实、专业技巧实用、专业发展有后劲的原则，形成以人文素养培养为基础，以职业能力培养为主线，以教育实践培养为核心的专业人才培养模式。只有具有扎实理论知识和丰富实践经验的专业教师，才能培养出理论水平高、动手能力强的实用型、技能型的专门人才，而"双师型"教师正是学前教育专业实现人才培养目标的根本所在。

但是，目前普遍存在着照搬和沿用高等教育的模式问题，特别是在学前教育师资的培养方面，由于受传统教育观念的影响，存在着重理论、轻实践，重学历提高、轻视能力培养的倾向。学前教育专业大部分教师从学校走向学校，从课堂走向课堂，大多缺乏专业实践经验和必需的专业技能。以武汉城市职业学院为例，该院学前教育专业66.6%的教师是从学校毕业后直接上讲台，毕业后受人员编制、经费开支、培训渠道诸因素限制，再加上课务工作繁忙，"后天"补课的机会很少，很难有机会较长时间到学前教育第一线锻炼和提高。这直接造成了教师知识结构不合理，缺少专业实践技能和经验，教师教学脱离实际，不能有效地指导学生的学习和实践等问题。学生毕业后，难以适应实际工作的需要，在同行中缺乏竞争力，也难以成为高素质的人才和市场竞争中的强者。因此，着力打造一支师德高尚、素质过硬、业务精湛、专兼结合的"双师型"专业教学团队已成为学前教育专业发展的当务之急。

2．学前教育专业"双师型"师资队伍的内涵标准

"双师型"教师概念的正式提出，最早来自1995年原国家教委印发的《关于开展建设示范性职业大学工作的原则意见》。此后的10年间，职业教育界围绕"双师型"教师的概念界定和具体内涵进行了探讨，先后经历了"双证"说、"双职称"说、"双素质"说等。在2008年4月教育部颁布的《高等职业院校人才培养工作评估方案》的有关说明中，对"双师型"教师直接表述为"双师素质教师"，并对其进行了详细的注解。"双师型"教师概念的演变过程始终强调实践能力的培养，并在发展过程中从专业化的角度提出了切实可行的行业标准，从而使"双师型"教师成为普遍公认的学术话语。但是，因为职业分工的专业化、复杂性和精细性，在实践层面上，"双师型"教师的具体界定会因职业类型的不同而发生改变。部分专业"双师型"教师的内涵及标准还没制定，这就使得在选聘教师上缺乏依据，教师的教学行为难以科学规范，导致目前我国教师队伍良莠不齐，这对"双师型"教师队伍的建设和完成高等职业教育的根本任务以及实现高等职业教育的培养目标十分不利。对于日益发展的学前教育专业来讲，急需对"双师型"教师的内涵进行准确定位，以此来确立整个教师队伍的发展方向，逐步探索出一条适合学前教育专业发展的"双师型"教师培养模式。

学前教育专业旨在培养德、智、体、美全面发展的具备现代学前教育基本理论素养和娴熟的弹唱跳画说等专业技能，在幼儿园、婴幼儿早教与服务机构从事保教工作，或在广播、电视、图书出版等部门从事儿童教育、心理健康教育、科研、康复和宣传等工作的中高级专门应用型人才。这一培养目标给学前教育专业"双师型"教师队伍的素质要求提供了基本依据，即以教育素质与行业素质为基本内涵，以教师职称与学前教育行业技术职称为外在特征，集教师素质、行业素质于一身的具有较高的专业理论水平、熟练的专业实践技能及扎实的实践教学能力的高素质教育工作者。具体讲，主要表现在以下五个方面：

（1）从表现形式来看，学前教育专业"双师型"教师首先要拥有双证书，即教师资格证和职业资格证书。教师资格证是所有教师都应该具有的，除了有较高的学历层次、高尚的师德风范、良好的心理素质外，还应同时具备会"教"的能力。保育员、育婴师等职业资格证书表明学前教育专业方面的实践操作能力达到一定水平，是"双师型"教师应该具备的。

（2）从外在身份来看，学前教育专业"双师型"教师既是学校的专兼职教师，同时又是学前教育机构的专兼职教师或被学前教育机构聘任的专家、顾问，是具有双重身份的新型人才。作为教师，意味着具备高等院校教师的基本能力和素质；作为学前教育机构的专兼职教师或被学前教育机构聘任的专家、顾问，要求其必须具有丰富的婴幼儿教育方面的职业素质，掌握与婴幼儿教育行业发展相适应的

实践性教学技能。

（3）从能力要求来看，学前教育专业"双师型"教师必须是既能从事学前教育专业理论教学，又能指导幼教技能训练的复合型教师。一方面，要了解婴幼儿身心特点，熟悉婴幼儿教育理论，具备教育科研能力、教育创新能力、教育评价能力、现代教育技术运用能力、观察儿童的能力，家园交流和协调能力等；另一方面，要具有扎实的专业知识和实用的专业技能，在艺术教育、特殊教育和早期教育方向上学有所长，运用说、演、弹、唱、画、编等技能于教学之中。

（4）从知识结构来看，学前教育专业"双师型"教师拥有双重的知识，即拥有所任教的学前教育专业学科知识，宽厚的幼教行业基本理论、基础知识，掌握学科发展的信息及动态，又拥有职业教育理论知识（职业教育学、职业教育心理学、职业教育教学方法等）。只有具备这样双重知识的教师才能熟悉学前教育职业岗位对人才知识结构、技能结构的要求；才能把学前教育行业知识及实践能力融合于教育教学过程中；才能注重学生学前教育职业知识的传授和实践技能、综合职业能力的培养。

（5）从工作任务来看，学前教育专业"双师型"教师具有双重任务，既要搞教学，用现代教学理念进行教书育人，又要及时获取学前教育专业领域内的新知识、新理论、新教材、新技术，并经过选择、加工、提炼、综合后，及时有机地融入教学之中，传递给学生，并教育学生逐步掌握学前教育的实践经验，精通学前教育行业的技能技巧。

3. 学前教育专业"双师型"教师的培养途径

（1）强化教育培训，将教师的再培训计划落到实处。从短期培训的角度出发，可以聘请学前教育行业专家进校采用专题讲座、现场教育活动观摩和教学活动研讨等形式对教师进行专业技能的培训，也可以有计划地利用假期将教师安排至相关学前教育专业工作岗位锻炼学习。从长期培训的角度出发，应鼓励在职教师攻读硕士、博士学位，支持广大教师学历再上新台阶。武汉城市职业学院学前教育专业定期聘请武汉市教科院幼教专职研究员、幼儿教师培训中心管理者和华中师范大学学前教育系的资深教授，进行专业教学研究、学术讲座和课程改革的现状分析，把研讨会扩大到幼儿园教师层面，以此来增加专业教学研究的实效性，同时也扩大学前教育专业团队的社会影响力。

（2）注重实践锻炼，提高在职教师的专业技术技能。依托学前教育机构支持，实行校企合作，建立稳定的校内外实训基地，是加强专业教师实践锻炼、培养并提高教师实践操作能力的充分保证。教师可直接到学前教育机构进行实习，相应的教学任务也可组织在实训基地完成，这样可以根据幼教工作实际进行专业课程建设，有助于教师职教水平的提高，并最终有利于学生实际动手能力的培养。校企之间最好能建立稳固的合作关系，教师能随时深入幼儿园实际，及时了解幼教领域新动向，及时掌握幼教新知识和新技能，真正实现有机对接。有能力的教师可直接参加幼儿园一线工作，可担任职务，也可参与到幼儿园的合作项目中去。武汉城市职业学院学前教育专业在校外建立了30个稳定的教育实训基地，规定专任教师每年不少于两个月到幼儿园参与教研，保证课堂教学与园内指导实践共计不少于160学时，各课程负责人在幼儿园有固定的联系点，教研活动有1/2时间深入幼儿园进行，使学前教育专业团队既成为高校专业教学团队，又是幼儿园教师专业成长的指导教师团队。

（3）加快兼职教师队伍建设，促进教师队伍结构优化。教育部颁布的《高等职业院校人才培养工作评估方案》明确了兼职教师量化指标以及兼职教师在高等职业教育中的地位和作用，使兼职教师成为师资队伍的重要组成部分。引进学前教育专业教师时应从单位实际出发，不要片面追求学校师资队伍的高学历化，而应在学历达标的情况下外聘学前教育专业技术人员担任专业教学工作或担任实习指导教师，实现专职教师与兼职教师并存。通过专兼职教师的有益互动，不仅可以使兼职教师教育原理、理论知识掌握得更加纯熟，也可帮助专职教师在教学中传授给学生幼教岗位切实所需的职业技能。武汉城市职业学院学前教育专业共聘请校外兼职教师50多人，鼓励兼职教师积极参与专业建设、课程建设及技能训练等人才培养工作，对在师德素质、教学效果、实践能力、敬业精神、工作业绩等方面表现突出的兼职教师给予适当奖励，充分发挥兼职教师在工学结合人才培养模式改革中的作用，达到了很好的教学效果。

（4）完善相关配套政策，建立健全长效激励机制。目前，我国尽管在一些规章制度上明确了"双型师"教师的培养方向和目标，但是在操作层面上还面临着诸多困难，比如各个职业之间存在的人事制度壁垒、教师的工资待遇、职称评定、绩效考核以及日常管理等方面都尚未建立起一套适合"双型师"教师发展的系列性制度。对学前教育专业而言，有必要建立相关规定和激励措施，使教师有动力、有机会去充实和提高自己的知识和能力结构。如完善学前教育专业教研成果奖励办法，对取得"双师"资格教师给予补贴，在职称评定、职位晋升、评优等方面加分；完善学前教育专业兼职教师的聘任制度，适当调整对于教师任职资格的规定，使学前教育机构的高技能人才能够无障碍地引进学校；制定一些必要的优惠政策，吸引学前教育机构参与教育，鼓励学校和学前教育机构双向介入，共同育人，等等。

三、注重实践教学基地的建设，倡导实施"全实践"教学体系

学前教育教育专业高校教学实践基地以学校为基准，可以分为校内和校外两种，教学基地主要承担两类教学项目，一类为幼儿园教育活动的教学方法类具体课程科目日常教学过程中的实践教学，另一类是涉及幼儿教育相关领域的综合专业实践能力，如幼儿一日生活的组织协调能力、幼儿游戏活动的策划能力、幼儿教学研究意识产生能力和教学课件的制作创新能力等。为了能够满足学生实践实

习的需求，将提供更好的专业知识学习环境而必须落实好专业校内实训实践活动基地。

1. 加强实训基地建设，提高基地使用效率

首先，选择实践教学设备要遵循与课程内容和教学教材一致的原则，提高学生认知与学习效率。其次，学前教育专业校内实践基地可以与本专业专科实训基地或者与艺术学院联合共建实训基地，一则让教学实践基地充分得到利用，提高基地使用效率。二则让学生可以接触到更多的实训项目，提高学生实践应用能力。三则节约成本，为新建新型教学基地开创资金条件。再次制定合理、科学、有效的管理制度，保障不同层次或者专业的学生能够有序、充分的利用实训基地实践时间。学前教育专业校外实践基地主要幼儿园为主，加强校"园"合作与建设，需要注意其中几点：其一，幼儿园要具有先进的教学理念与办学思想；其二，拥有一定是数量的见习、实习岗位；其三，具备完善的教学设备与规范的教学管理制度；其四，校内教师能够对学生实践成果反馈和总结反思做出指导。

2. 倡导实施"全实践"教学体系，强化实践课程教学

所谓"全实践"，就是将幼儿教师专业发展全程中所有实践环节作为一个整体来系统定位、统筹安排。即实践各要素在时间上要全程延通，在空间上要全方位拓展，在内容上要全面整合，在理念上要全息浸透，在课程体系上要全面统整。学前教育专业的学生在参加"全实践"教育过程可以划分为三个阶段：

第一阶段，以校内实训基地为基础进行校内实践教学训练第一学期首先通过课程教学，强化学生的基本技能的实践训练，例如声乐（唱）、钢琴（弹）、美术（画）、舞蹈（跳）等每周一测，每月一考来督促和指导学生训练；其次，安排学生观摩校外实习基地、讲解幼儿园工作安排流程及要求；同时可以鼓励学生参与专业学术年会、参与专题报告、创设实训社团活动，从奠定初步职业技能、了解未来职业环境与状况的基础上，以产生职业意识，找到自我职业感并树立职业目标。

第二阶段，实践场地从校内实训室向校外实习基地转移。实践时间以分散不均向每天固定实间段转变，实践形式改变为校外见习，提前让学生进行职业体验。在见习中布置课题项目的跟踪调查、提供助教、试教的机会，增强发现实际问题的。同时每次见习实施结束后，要安排集中谈论进行见习经验交流与实际问题分析、反思和总结，提高研究分析和解决问题的能力。

第三阶段是在基于前两阶段的基础上实行，主要是安排学生集中进行实践基地的见习、实习，创造顶岗实习的机会，在此基础上完成实习报告、学位论文或者毕业设计等，最终形成一种"课堂教学—实验教学—实践教学—顶岗服务"相结合的全程实践教学模式。

第四节　完善多元化的教学评价体系

学前教育专业人才培养评价是衡量培养出的学生是否达到学前教育专业培养目标，也是评判层次学前教育专业人才培养质量的重要考核体系。作为学前教育专业人才培养模式的一部分，培养评价要想摆脱传统评价不全面、不灵活、不合理的缺陷应朝以下两方面努力。

一、强化培养评价管理部门的引导和服务职能

加强科学规划评价指标。应该确立评价某一课程所要求达到的具体项目及其标准，组织制定各部分考核方式及其评价分值结构，并提前通知学生；严格执行过程评价。将出勤率、课堂表现、学习态度纳入评价指标体系，坚持专业知识单元测试、艺术技能周期检查、岗位训练定时总结报告环节。同时学业考核增加学前教育专业个人评价，校外实践在学业考核的基础上再增加幼儿园管理评价，有助于规范管理评价制度及成效显著；将职业鉴定结果纳入考评体系。鼓励学生获得幼儿教师职业资格证书或者相关学前教育的技能等级证书等。既使得学业评价具有职业导向性，更能够提高学生职业岗位竞争的实效性。

二、加大评价投入，夯实评价基础保障

建立多样化激励与淘汰措施。对于成绩较高的设立奖学分、奖学金和实施评优评先政策。对于成绩不合格的设立合理惩罚措施，如减学分、补考、跟读或者点批等；建立评价监督机制。归管学前教育高校专业部门要建立培养评价监测小组，并有学生代表参与，不定期地对学前教育专业高校学业考核与实践评价的实施情况进行督查与评价，并将督查结果作为培养结果最后验收的重要环节，以此来通过监督、检查与评价来保证课程评价的质量；建立成绩查询与申诉的制度。学院应该将学生的课程评价考核成绩进行及时通知，一则可以及时了解自我学习不足，以便及时做出调整与改正。二则让学生有权对成绩提出质疑与申诉，并且在学校申诉制度保障中使得评价结果更加公正和公平，以提高评价结果的有效性。

参考文献

[1] 刘占兰. 学前教育必须保持教育性和公益性 [J]. 教育研究, 2009 (5).

[2] 刘焱, 李志宇, 潘月娟, 等. 不同办园体制幼儿园班级教育环境质量比较 [J]. 学前教育研究, 2008 (8).

[3] 潘月娟, 刘焱. 美国托幼机构教育质量研究述评 [J]. 比较教育研究, 2008 (8).

[4] 庞丽娟, 范明丽. 当前我国学前教育管理体制面临的主要问题与挑战 [J]. 教育发展研究, 2012 (4).

[5] 洪秀敏, 罗丽. 公平视域下我国城乡学前教育发展差异分析 [J]. 教育学报, 2012 (5).

[6] 刘鸿昌, 徐建平. 从政府责任的视角看当前我国学前教育的公益性 [J]. 学前教育研究, 2011 (2).

[7] 王荷香. 基于政府责任探讨我国学前教育的公益性 [J]. 教师, 2022 (8): 33-34.

[8] 张燕. 经济体制转型中我国学前教育发展面临的问题与挑战 [J]. 学前教育研究, 2009 (10): 3-7.

[9] 庞丽娟. 加快学前教育的发展与普及 [J]. 教育研究, 2019 (5).

[10] 周小虎, 赵然. 英美两国学前教育政府职责的比较及其启示——教育政策法规的视角 [J]. 外国教育研究, 2019 (3).

[11] 宋秋英. 20世纪90年代以来美国学前读写教育改革动向之管窥——基于对"开端计划"改进措施的分析 [J]. 外国教育研究, 2010 (6).

[12] 张利萍. 中英学前教育师资培养体系的比较分析及启示 [J]. 安徽广播电视大学学报, 2016 (2).

[13] 王振宇, 庞建萍. 论我国幼师转型与学前教育专业课程建设 [J]. 幼儿教育 (教育科学), 2009, (4).

[14] 赵南. 新时代背景下对学前教育专业专科人才培养目标的构想 [J]. 学

前教育研究，2009，（8）.

　　[15] 王丽新. 学前教育专业学生职业素质调查 [J]. 教育与职业，2012，（1）.

　　[16] 郭建敏. 对办好高专学前教育专业的思考 [J]. 职教论坛，2012，（35）.

　　[17] 蒋璐敏. 以反思为导向的职前教师教育实习体系探析 [J]. 教育理论与实践，2012，（29）.

　　[18] 赵丽英. 高专学前教育专业学生职业能力状况及对策研究 [D]. 石家庄：河北师范大学，2014.

　　[19] 宾晓亮. 基于《幼儿园教师专业标准》的教师专业发展研究 [D]. 昆明：云南大学，2015.

　　[20] 何锋. 试析《幼儿园教师专业标准（试行）》的专业化导向 [J]. 江苏教育研究，2013（19）.

　　[21] 周妮. 信息技术与课程融合的探究 [J]. 教育探索，2013（4）：36-37.

　　[22] 邵新杰，于贵波，阎文. 信息技术与专业课程整合的研究与实践 [J]. 科技信息，2010（16）：94.

　　[23] 魏书华. 信息技术与化学课程融合的模式探究 [J]. 教育观察旬刊，2012（5）：81-84.

　　[24] 张庆莉，孔素真. 信息技术与专业课程整合的策略 [J]. 郑州牧业工程高等专科学校学报，2009，29（2）：73-74.

　　[25] 陈永明. 中日两国教师教育比较 [M]. 上海：华东师范大学出版社，1994.

　　[26] 侯怀银. 高等教育学 [M]. 太原：山西人民出版社，2007：186.

　　[27] 王利明. 华东师范大学学前教育专业的专业课程设置的调查研究 [D]. 华东师范大学硕士学位论文，2007.

　　[28] 李芳霞. 地方型师范院校高校学前教育专业课程设置 [J]. 教育与职业，2014，24：126-128.

　　[29] 万莉. 我国高师院校学前教育专业课程设置与优化研究 [D]. 赣南师范学院硕士学位论文，2013.

　　[30] 王少妮. 美国幼教师资职前培养体系研究 [D]. 四川师范大学硕士学位论文，2008.

　　[31] 胡福贞. 当代英语高等院校学前教育专业实习的特点及其启示 [J]. 学前教育研究，2009（9）：44-50.

　　[32] 彭攀. 当代各国学前教育教师教育培训发展情况分析 [J]. 科教文汇，2008（11）：19.

　　[33] 李可娟. 陕西高校学前教育高校课程现状、问题及对策研究 [D]. 陕西

师范大学，2011.

[34] 王利明．华东师范大学学前教育专业高校的专业课程设置的调查研究 [D]．华东师范大学硕士学位论文，2007.

[35] 文颐，唐大章，杨春华，王青艳．高师学前教育专业高校课程建设的调查与思考——基于四川省幼儿园长及成都中职学校幼教专业骨干教师的调研分析 [J]．四川教育学院学报，2009（2）.

[36] 李可娟．陕西高校学前教育课程现状、问题及对策研究 [D]．陕西师范大学，2019.

[37] 史丽君．《专业标准》与高校学前教育专业课程设置改革 [J]．黑河学院学报，2020（2）：67-69.

[38] 邵小佩，周灵．就业取向下学前教育高校课程与教学现状调查研究 [J]．教育与教学研究，2018，28（4）：119-124.

[39] 李学杰．新办高校学前教育专业教学存在的问题及改进策略 [J]．周口师范学院学报，2014，31（4）：124-126.

[40] 黄丽燕．高校院校学前教育专业人才培养目标及课程设置的思考 [J]．齐齐哈尔师范高等专业学校学报，2021，（04）.

[41] 陈凤梅．论学前教育专业现状及其应用型人才培养策略 [J]．湖北科技学院学报，2015，35（10）.

[42] 张淑利．学前教育专业人才培养目标及培养模式改革研究 [J]．佳木斯职业学院学报，2016，（04）.

[43] 王薇．基于生命的塑造理念下——学前教育专业人才的培养 [J]．继续教育研究，2008，（09）.

[44] 曹鹤．高校学前教育专业人才培养模式研究 [D]．沈阳师范大学，2019.